[英]
(Graham Allcott)
格雷厄姆·阿尔科特
(Hayley Watts)
海莉·沃茨

著

汪疆玮

译

会议教练

How to
Fix
Meetings

Meet Less, Focus on Outcomes
and Get Stuff Done

中国科学技术出版社
·北 京·

HOW TO FIX MEETINGS: MEET LESS, FOCUS ON OUTCOMES AND GET STUFF DONE by GRAHAM ALLCOTT AND HAYLEY WATTS
Text copyright © 2021 Graham Allcott and Hayley Watts
This edition arranged with Icon Books Ltd., UK & The Marsh Agency Ltd. through BIG APPLE AGENCY, LABUAN, MALAYSIA.
Simplified Chinese edition copyright:
2023 China Science and Technology Press Co., Ltd
All rights reserved.

北京市版权局著作权合同登记　图字：01-2023-0618

图书在版编目（CIP）数据

会议教练 /（英）格雷厄姆·阿尔科特（Graham Allcott），（英）海莉·沃茨（Hayley Watts）著；汪疆玮译 . —— 北京：中国科学技术出版社，2023.10

书名原文：How to Fix Meetings: Meet Less, Focus on Outcomes and Get Stuff Done

ISBN 978-7-5236-0182-2

Ⅰ.①会… Ⅱ.①格… ②海… ③汪… Ⅲ.①会议—组织管理学 Ⅳ.① C931.47

中国国家版本馆 CIP 数据核字（2023）第 058952 号

策划编辑	申永刚　方　理
责任编辑	孙　楠
封面设计	潜龙大有
正文设计	中文天地
责任校对	焦　宁
责任印制	李晓霖

出　　版	中国科学技术出版社
发　　行	中国科学技术出版社有限公司发行部
地　　址	北京市海淀区中关村南大街 16 号
邮　　编	100081
发行电话	010-62173865
传　　真	010-62173081
网　　址	http://www.cspbooks.com.cn

开　　本	880mm×1230mm　1/32
字　　数	84 千字
印　　张	6.625
版　　次	2023 年 10 月第 1 版
印　　次	2023 年 10 月第 1 次印刷
印　　刷	大厂回族自治县彩虹印刷有限公司
书　　号	ISBN 978-7-5236-0182-2 / C·233
定　　价	59.00 元

（凡购买本社图书，如有缺页、倒页、脱页者，本社发行部负责调换）

目录

第一章　麻烦不断的会议　|　001
　　我们正在经历许多麻烦不断的会议　|　003
　　我们正面临一场专注力危机　|　006
　　我们错过了许多创造奇迹的机会　|　008
　　创造性思考公司的工作方法论　|　010
　　怎样使用好这本书？　|　017

第二章　问题的解决之道　|　021
　　专注力管理　|　024
　　会议中的"阴""阳"　|　027

第三章　会议之前　|　059
　　谨慎处理：40-20-40 分配原则　|　061
　　会议准备好了吗？　|　063
　　为什么会前准备的 40% 很重要？　|　065

四大原则（简称"4P原则"）：目的、计划、规则、人员 | 069

会议清单 | 106

我可不是领导！该怎么做？ | 119

无须多想 | 123

第四章　会议之中 | 129

为冲刺做足准备 | 131

如果你是会议领导 | 133

第五章　会议之后 | 177

一切都是为了"会后" | 179

作为会议组织者，对于会议过程的反思 | 180

作为参会者（非会议主持人）的反思 | 185

"清晰明确"的力量——如何让你的会议聚焦于行动？ | 187

"清晰明确"的力量——完成会议任务的高效原则 | 192

结语 | 201

致谢 | 205

第一章

麻烦不断的会议

我们正在经历许多麻烦不断的会议

"来开个会。"这短短四个字,会带来多少后续工作啊!你的沮丧之情顿时涌上心头:"啊,又要开会了!我宝贵生命中的一个小时又将一去不复返。在这一个小时里,我本可以完成多少工作啊!"

本书的目的是改变这样的工作状态。我们希望在将来某一天,当有人提议"我们来开个会吧",你的第一反应是:"太棒了!终于有个好机会可以解决工作上的问题了!"

在过去十年里,我所在的创造性思考公司曾与世界上许多顶尖机构合作,协助他们理顺公司各项业务的轻重缓急。其中很重要的一条改革举措就是精简那些不必要的会议,确保团队能够很清楚地知道:发生什么状况才真正需要开会讨论,并且让会议尽可能高效、有活力并富有成效。

创造性思考公司的宗旨是实效为先。我们不相信这个社会上存在"每周工作四小时"之类立竿见影的妙招。我们坚信,会议具有改变世界的力量,并不是所有的会议都是浪费时间的。同时,我们也很清楚地认识到,如果没有以正确的形式召开会议,那就很有可能浪费宝贵的时间。

所谓高效,就是尽可能排除干扰,为真正重要事项的决策或问题的解决留足时间和空间。在此之前,我们需要明确两个重要前提:

首先,会议是很重要的。在工作过程中,我们不难发现，许多关于公司的重要变革、战略制定或产能提升等，都是在执行良好的会议中敲定的。你也可以回想一下自己的职业生涯，是否存在一些关键时刻，通过团队的集中决策（无论是现场会议或是线上会议），经历无数次的思想碰撞和激烈的讨论，才最终确定方向并达成共识。高质量的会议能够酝酿出一种强劲而持久的工作动力，这是电子邮件或者其他的协作工具难以做到的。还有一些会议，对于人际关系的提升也具有重要意义。哪怕此刻的你还没有类似的体会和感触，那么我们依然相信，当你按照这本书上的方法和观点付诸实践后，你一定会在日后的工作中感同身受。

其次，许多会议压根就不重要。那些冗长、乏味且无法得出任何关键性结论的会议，或多或少占据过每个人的宝贵时间。对于我们的大部分合作伙伴而言，最大的问题就是会议的数量太多了，当我们把一些会议从他们的日程表中删除之后，公司的所有人都发现，其实他们并不见得有多么需要类似的会议。一个很有趣的现象是，对会议的适当精简，反而会使保留下来的那些会议变得更加高效，让职员有充分的时间和精力去创造生产力，实现自我价值。

低效的会议是对时间的浪费

如果你总是疲于应付工作日志上那些"背靠背"[①]的低效

---

① 指连续安排的一系列会议。——译者注

会议，请相信，你并不是个例。来自哈佛大学的一项针对非特定行业的商业调查研究显示：大约有65%的高级经理认为会议是影响他们高质量完成工作的最主要因素；71%的受访者认为会议无有效产出；64%的受访者认为会议的召开是以减少深度思考时间为代价的；62%的受访者认为会议让他们失去了凝聚团队的机会（这或许是对"背靠背"这一会议模式提出的抗议）。事实上，哪怕只调整一小部分的会议时间，都能给你和你的团队带来巨大的产能提升。

正是由于在会议中浪费了太多时间，所以当收到下一个会议的邮件邀请时，我们往往很难将工作热情调整到最合适的状态——会议疲劳是真实存在的。更可怕的是，当人们被一个个冗长的会议侵占大部分工作时间之后，人们就更难挤出足够的时间来高效安排下一个会议，进而导致每个人的时间和精力分配出现更大的问题。

> **务必牢记**
>
> 要以少开会为主要目标，但是要把每一个会议都开好。如果把会议开好，那么就能够产生很好的影响。如果会议没有开好，那么纯粹是浪费时间，耗费精力。

认清会议的实际成本很重要

开会的成本很高。来自《华尔街日报》的一项调查研究表明，公司雇员每个月要在各种会议上花费大约31个小时。而且越是高职级的雇员，开会占据其工作时间的比重就越高。那些首席执行官（CEO）每周大约要花费 27 个小时在各种会议上（他们的时间更加宝贵）。

创办公司的主要成本有两项：第一项包括员工的薪水支出，各种线下或者线上的工作平台、配套设施的使用成本；第二项便是因为错过许多更具价值的工作产出而产生的机会成本。

我们正面临一场专注力危机

在当今这个信息爆炸的时代，想要高效推进工作，最重要的一点是充分利用好我们的专注力。

你这会儿正全神贯注吗？现在可以停下来思考一下这个问题。说实话，如果你的回答是"没有"，我们并不觉得很奇怪。因为你身边有数百个信息随时在影响着你的专注力：你的同事、你的朋友和家人打进来的各种电话，各种广告电话，你的内心独白等，都会是你专注力的干扰源。

专注力（而不是时间）是我们最宝贵的资源。无论是工作还是生活，专注力才是高效能和高产出的制胜关键。

能够有效安排自己的工作，确保深度思考处于绝对优先的地位，这是助力后续行动的重要因素。然而管理者经常抱怨说，挤出让自己安静思考的时间是一种奢望。在当今社会，人们的专注力被分散这一现象如此普遍，如果我们有能力改变，不失为创造竞争优势的重大机遇。只要确保有足够的独立思考时间，我们有信心克服拖延症，并且想出最好的主意。

对于重要会议，这一理念也同样适用。不断致力于提升专注力——全身心地专注于解决问题的能力，再加上我们的创新理念——与我们最亲密的工作伙伴一起创造改变，培育动力，最终一定能找到属于我们的"关键时刻"。

毫无疑问，这个世界正在经历一场专注力危机。技术变革和信息过载现象使我们的专注力愈发被碎片化。也许你自认为可以很好地处理使用手机的频率。但科学研究表明，手机对大脑的思考能力的影响相当惊人。来自得克萨斯州奥斯汀分校的一项最新的调查研究显示，就算这会儿你没有使用手机，甚至已经将手机调整至静音或关机状态，放进手拿包或公文包里，它依然可以分散人们的专注力。如果你自认为很擅长与你的手机脱离联系，那么以下结论可能会让你大吃一惊：哪怕是简单的手机振动或者提示音，对你大脑的专注力的影响，和直接使用手机的效果完全一样。这显然会产生严重后果。一项研究结果表明，英国的成年人维持专注力的平均时间只有 5 分零 7 秒，而在 10 年前这个数字大约是 12 分钟。研究还表明，年轻人（习惯上都认为这一群体的大脑更加活跃）的专注力还不如那些 50 多岁的人。这一结论证实，丰富多彩的生活方式、对手机的严重依赖以及越发广泛的关注对象，直接影响了我们的专注力。

过去几十年，信息过载现象愈演愈烈。可以认真反思一下，我们从中得到了什么，又失去了什么呢？你也许会更加依赖手机，认为其便利性要远大于其他负面影响；也许你发现自己时常念叨应当做出适当改变，与现代科技或者社交媒体保持一个更加健康的关系。但很明显的一点是，各项重要活动间隙的闲暇时光正不断被压缩。

这一现象将直接导致我们用于深度思考、自我反省、剖析自身情绪、自由幻想或者其他什么事情上的时间和精力越来越少。人们也越来越害怕空闲下来。哈佛大学和弗吉尼亚大学的一项联合研究表明，对于人们来说，最为可怕的一件事情就是独自面对自己的思绪；67%的受访者宁可选择自我麻痹，也不愿意一个人无所事事地待在房间里15分钟。

我们需要不断地和外界联系，去检查我们手机上可能会出现的消息或通知事项，这一习惯会导致我们无法专注于我们的工作，包括我们正在参加的会议，或者其他应该完成的任务。我们需要做出改变，提升我们的生产效率，找回我们的幸福感。

我们错过了许多创造奇迹的机会

令人沮丧的是，在这样一个专注力分散的世界里，我们比以往更需要借助会议的力量。会议应该真正成为在你的团队、组织乃至于更广泛的世界中创造清晰思维、变革、动力、共识和力量的平台。

在我们的工作经历中，曾经看到过许多矛盾重重的团队最终携手共进，也见证过那改变团队努力方向的灵感闪现时刻。我们也曾与那些拥有良好会议习惯的领导者，共同记录下那些难忘的会议瞬间。即使看似不起眼的会议也有助于团队建立信任感、责任感和相互尊重的良好氛围。这些会议往往遵循特定的模式以建立一个会议节奏或仪式感。这里面也包含许多我们即将在下文提及的各种会议技巧。但是从本质上说，最重要的一点，是这些会议构建出了一个用心聆听他人想法的平台。

伟大的领导者总是能够创造出一个良好的会议环境，能够充分关注每一位同事，抓住会议的每一个关键点。这需要技巧、经验和关怀；同时这样的会议标准极高，与会的每个人都要表现得非常好。会上提出的每一个想法都会被仔细审查，每一个意见分歧都会被冷静表达，同理心和理解力总是能够很容易地在会议空间内蔓延，最终渗透影响每天的邮件回复，或者员工的日常闲聊。

人类——哪怕再内向——也是群居生物。当我们拥有归属感的时候，内心总会变得非常安定；当我们有幸参与更大的奋斗进程时，我们会感觉到自己的努力得到了其他人的重视。这就是为什么创建伟大的会议，和把我们的时间从那些糟糕透顶的会议中解放出来一样振奋人心——因为全身心地去关注他人和他人的意见，是这世上最慷慨的付出。

我们始终坚信:"开会"可以成为一种推动变革的广泛力量。学会慷慨地关注别人,对于人际交往来说大有裨益:它能够孕育出这个世界普遍缺乏的积极力量,比如同情心、敏感、善良和共情等宝贵品质。这些积极力量可以感染我们身边的人,从同事到收银员,甚至是出租车司机。我们的建议是,请不要仅仅关注这本书,或者书中提到的能够帮助你提高会议质量的那些工作原则。提升专注力,可以影响你和你周围所有人的生活。

创造性思考公司的工作方法论

也许你会感到好奇,是什么样的经历使得我们这群编者会着手去写这样一本关于提高会议效率和加强专注力管理的书?下面简要介绍一下我们是谁,我们都做了些什么。

创造性思考公司:致力于专注力管理

格雷厄姆在 2009 年创立了创造性思考公司,以后就一直与世界上规模最大、最顶尖也最有趣的企业开展合作。在加入这家公司前,海莉曾经在许多机构工作过,她曾以旁观者的身份,看到许多人由于会议经验不足而导致时间和精力的巨大浪费。海莉之所以对创造性思考公司产生浓厚兴趣,是因为这家公司能够为客户提供这方面的帮助。公司曾与世界上许多大公司合作过，如亚马逊公司、谷歌公司、易贝公司（eBay）、比尔和梅琳达·盖茨基金会（Bill & Melinda Gates Foundation）、大众汽车公司、英国航空公司、贝宝公司（PayPal）等。当然我们的客户也包括许多小型机构、初创企业、慈善机构和政府部门。这并不是吹嘘我们的工作经历，只是想说明我们见识过形形色色的公司文化，很清楚包括指令式管理、服务式管理、强管控型管理、松散型管理、独裁式管理、促进式管理等各种管理风格。

　　无论是通过敏锐的直觉，或是与中层主管的对话，还是通过设计严密的员工敬业度调查等各种方式，这些公司的管理者都能得出一个普遍性的结论：他们的员工仿佛时刻都要"溺水而亡"——这不仅仅是员工接收信息过载的问题，还有工作上的精力分配的问题。其中的关系过于庞杂，难以直接下定论。这些工作彼此牵连，耗费员工的时间和专注力；对于许多人来说，理顺开头，明确下一步工作都是一个相当艰难的开局。我们以专题工作坊的形式协助员工将他们的收件箱清零，处理好他们的会议，当然也帮助公司提高组织度，训练员工像一名"高效忍者"般"冷酷无情"。

　　在这些工作坊中，客户确保自己的员工能够遵循我们的关键原则，最常见的做法是在团队中分享格雷厄姆的畅销书《高效忍者》(*How to be a Productivity Ninja*)。如果你还没有阅读过这本书，那么我们将快速总结出"高效忍者"的九大特征，这些特征也将贯穿于本书中。这些特征共同构成了一个普适性很强的工具箱，为你的工作（当然还有生活）提供高效的工作框架和习惯。可能你已经精擅其中某些关键细节，我们相信其余几条建议也一定会为你的发展提供帮助。如果你已经阅读过《高效忍者》这本书并认同书中理念，那么你就可以跳过本章接下来的部分内容了，当然我们也欢迎你将本章视作对《高效忍者》的快速回顾。

"高效忍者"的九大特征

禅宗般的平静

正如前文所述，我们的工作不是如何管理时间，而是如何管理我们的专注力。保持"禅宗般的平静"能够帮助我们维持高度的专注力，并时刻处于高效产出的理想精神状态。这就意味着，每时每刻都只专注于某一件事情。如果某一项任务有一个明确的截止日期，我想保持这样的状态就会轻松一些（这样的心得体会相信每个人都有类似经验），但如果你手头有超过二百个可选项或是比较优先级事项的时候，保持这种高度集中的状态就困难多了。要想做到这一点，诀窍就是使用"第二大脑"来充当你的外部记忆源，来帮你剔除这些可选项（因为对我们自己的大脑来说，这种工作实在太具有挑战性）。这样一来，你就可以集中精力去做你真正擅长的事情，比如工作的优先级排序、战略思考、决策制定以及思维创造。而这所谓的"第二大脑"，其实更像是一个复杂的待办事项清单。这一份清单可以写在纸上，也可以是各种线上工具。它能够为你的工作负载区分不同的重要层级，帮助你更好地决策下一步工作，并确保没有遗漏。更多关于这方面的内容可以参考第五章内容。

果断

时刻保持一种果决的心态，对于提高生产力至关重要。这种心态尤其会影响到会议质量。有关这部分的内容会在第二章详细论述。在做出决策的时候要坚决果断，避免被横生枝节的琐碎小事影响，同时也要对时常出现的拖延情绪坚决说"不"。接下来，本书会解释应该如何果断地拒绝那些不必要参加的负面性的会议，以保护我们的专注力，因为只有这样，我们才能更好地为那些更重要的事项留出时间和精力。

精通"武器"

要以精明的方式去使用工具，确保你不会被那些丰富多彩的应用程序（APP）吸引眼球。与此同时，你要懂得如何用更加巧妙的方式去用好这些应用程序工具，让你的生活更加轻松。这也是提高效率的一个重要手段。对于绝大多数人来说，最好的方式当然是将应用程序当作是"第二大脑"来使用。例如，使用一些重要的工具来更好地管理会议，也可以用 Meeting Timer 这样的软件来帮助跟踪会议的时间成本。

自新冠疫情暴发以来，线上会议已经成为许多公司的工作常态。哪怕那些最注重"面对面沟通"的公司，也逐渐接受了这一技术革新。在这个线上会议的新时代，精通"武器"同样重要。

隐身和伪装

要管理好专注力，一个很重要的环节是你必须清楚，什么时候需要开放和包容，什么时候需要低调和集中。我们与客户分享较多的一个观点就是"战术隐身"：保持一段时间的离线状态，故意让自己没有那么容易联系上。这样做的唯一目的是保护你每一天都有一段不受打扰的特定时间，这段特定时间就是我们所说的"积极专注"时间——此时你的精力和专注力最为集中。

不遵循传统

我们极力建议你尝试不同寻常的做事方式。做事情循规蹈矩只能做出平凡的成绩，凡事总是平淡无奇也难免会感觉到无聊。只有不断尝试新鲜事物，甚至冒着破坏现状的风险，才有可能组织出令人印象深刻的精彩会议，并且激发团队的创造力，提升解决方案的质量，同时还能维持工作的乐趣。

敏捷

在当今年代，各项工作的优先级时刻变化，这仿佛已经成了一种常态。这种现象激发出人们一个很重要的技能，那就是"敏捷工作"的能力,这种能力对于高层领导来说尤为重要。毕竟对这个级别的领导来说,日常工作就是不断地做出取舍,把宝贵的专注力集中在某些重要事件上。如果此时此刻的你并未身陷某些紧急事件之中,那么此刻的你做出的一个最明智的选择,就是做好一切准备迎接下一个突发事件——在"第二大脑"的帮助下,或是迫使你本人的"管理系统"处于高频更新状态,不间断地扫描某些特定领域的工作进度,发掘下一个可能发生的问题。当然了,在会议中分享激情和专注力,也同样需要用敏捷的方法来适应与会者差异化的个性和情绪,帮助他们将专注力集中在手头的工作上。

正念冥想

正念冥想能够帮助我们体验当下的真实感受。对于所有希望提高专注力和互动交流质量的人来说,这都是一项至关重要的技能(此处并不单指会议交流,生活也同样如此)。正念也能够帮助我们察觉到讨厌的"蜥蜴大脑"的运转痕迹——大脑中非理性的生存本能,这部分大脑功能高度神经质,总是试图阻止我们介入某些冲突或者是其他令人不适的生活场景。时刻保持警觉是发现工作中的不妥当的最好办法。每当我们试图自我管理时,总会出现各种人为因素或者心理因素的干扰——在某些时刻,我们很清楚自己应该做什么,但是拖延和回避的情绪总是占据主导地位,并直接导致我们的想法和行动之间出现偏差。请不要试图说服自己从不拖延或者回避——这种情形在每个人身上都会发生，这没有什么好难为情的。关键在于我们是否有把专注力调整到那些真正重要的事项上去的意识！

准备充分

你会发现，那些重大的会议如同所有重大工作一样——很少是碰巧发生的。缜密规划，组织有序，并正确处理好所有的细节，这些都是推动工作有效进展的重要保障。无论你是否喜欢用彩色来编码文件夹，结构和秩序都是促进自驱力和创造力的重要因素。我们希望你能够将"准备充分"作为一份给未来的自己的礼物：在压力和突发情况到来之际，那时的你会很庆幸自己已经准备就绪，也很清楚应该去哪里寻找各种文件。

凡人不是超级英雄

如果你具备上述所有特征，办公室里的同事可能会认为你是某位超级英雄。但是我们很清楚，那些做出卓越成绩的家伙很清楚，自己只是普普通通的凡人，并且总是能坦然接受自己的不足。凡事不强求尽善尽美，才能让成功变得更加引人注目，让失败更加容易被人理解。当我们意识到自己的弱点，并且开始接受那些不完美的存在，创新和高效的道路才算是一路畅通。

怎样使用好这本书？

在本章中，我们聚焦于专注力和良好心态成为会议安排的核心因素的原因。下一章，我们将提供一些解决方案——帮助你减少在各种糟糕的会议上浪费时间，并使得所有有必要召开的会议尽可能高效。紧接着的三个章节，我们将重点介绍所有在会议之前、会议之中和会议之后能用到的实用技巧，改变你的会议、你的团队，甚至改变这个世界。

如果你的会议不足以改变世界，或者不足以影响你身边的环境，那肯定是哪里出了差错。不过最重要的是，从这一刻起，你本人做出了改变。

本书的每一章后面都配有实践练习。我们知道很多人习惯于跳过这些练习课，但是请千万不要这样做。我们希望你能够通过这些练习课中所要求的实践，真正改变自己的工作和会议模式。如果只是浅尝辄止般地翻阅和想象，那么改变将永远发生在未来。如果你实在匆忙，那么请关注书中特别吸引你或者特别惹你厌烦的练习实践——这恰好是我们倡导的提高专注力的不二法门。

> 永远不要怀疑一群有思想的忠诚公民能否改变世界，实际上这是唯一可能的路径了。
> ——玛格丽特·米德（Margaret Mead）

在进入下一章之前，还有一点剩余时间。我们一起回顾一下你之前的会议经历，这样你就能清楚意识到自己的欠缺和改进方向。

练习：天堂和地狱

我们经常在工作坊中向我们的客户提问，请他们好好思考"天堂般的会议和地狱般的会议"——参加过的最好和最差的会议，以及他们本人对于自己团队和组织文化的感想。请你花几分钟时间，思考一下以下几个问题的答案：

天堂般的会议：

你需要准备什么：
查看工作日历。

练习时长：
大约15分钟。

心态：
保持反思心态。

▶ 你参加的最后一次真正重大的会议是关于什么的？为什么这次会议很棒？

▶ 当我们谈论到有能力举行"成功"会议的人选的时候，第一个进入你脑海的是谁？他做了些什么让你觉得很棒？

▶ 你是否有过这样的经历，在某个会议结束之后，你的工作变得更加清晰简单了？这一切是怎么发生的？

地狱般的会议：

> 上周你所经历的有用和无用的会议比例大概是怎么样的？
> 对你来说，一场糟糕的会议有什么特征？
> 如果你每周的周一、周二和周四都没有会议，可以让你自由安排工作，你会选择做什么？

当出现以下情形时，说明你开始修复会议了：

> 你不需要安排一整天的"背靠背"会议了。
> 会议不是按照一个小时的时限来安排的；实际上，会议时间可以尽可能被你压缩。
> 上周参加的会议比你未完成的工作更重要。

第二章

问题的解决之道

对我们来说，如果只是写这样一本书——宣称每一个会议都很重要，单纯论述"如何将会议开好"，那肯定会是一件很轻松的事情。当然我们也可以直截了当地宣布以后再也不需要参加任何会议；那想必也是一件很容易的事情。如果生活和工作真的能像大多数管理类和自助学习类图书上描绘的那么简单，那可就真的是万事太平了。

实际上，真相往往隐藏在眼前的杂乱无章之中。我们的办法就是在狂热合作和平静专注之间寻找出一个平衡点。为什么要这样说？因为所谓的高效产出，有时候是会议中的"蜂巢思维"①的产物，有时候是忘却周遭的一切而专注于工作的成果。我们需要处理好这两种状态并使之保持平衡——通过管理我们的专注力，服务于更为广泛的目标，而不是深陷于如何完成这一目标的过程管理。

在这一章，我们将从古代中国的阴阳二元论思想中获取灵感，并且展示如何在会议中掌握这种阴阳平衡之道。我们将介绍最有效的思维方式和行为模式，以便你能够理解这些原则是如何应用于后续的实用章节的。在我们深入了解细节之前，请大家明白，这一章节实际上起到提纲挈领的重要作用。

---

① 蜂巢思维出自凯文·凯利的《失控：机器、社会与经济的新生物学》，比喻人类协作所创造的群体智慧。——译者注

专注力管理

人们常说，时间是最宝贵的资源。但是这句话并不准确。专注力才是最宝贵的资源，比时间更宝贵。每个人的每一天都有均等的二十四小时，但我们并非每时每刻都拥有着最充沛的精力和最巅峰的状态来处理各种挑战。对于绝大多数人来说，每一天大约只有两到三个小时的时间可以保持专注状态。我们称这段时间为"主动关注"时间。

专注力管理的第一步，就是深度挖掘每个人的自我意识。通过自我剖析，我们能清楚认识属于自己的"主动关注时间"，以及状态相反的时间段——处于迟钝和次优的所谓"不活跃专注"状态（我们都有类似的经历，就仿佛你能做的唯一动作就是一脸茫然地盯着电脑屏幕）。第二步当然就是基于一天中不同时间段的专注力波动状态，去安排与之匹配的各种类型的工作。

当然经常会发生这样一种情况，当专注力达到巅峰的时候，你恰好被扣为"人质"——比如身陷于极度无效率的会议当中。如果你本人有着如忍者一般的高效品质，或是你所带领的团队高度推崇效率，敢于质疑现状并摈弃低效的工作方式，那么当机立断地质疑，并将专注力转移到真正有意义的工作当中就很有必要。在某些时候，你可以选择无视这样的会议安排，简单地把这类安排从你的工作日志中剔除出去，将专注力分散的影响降到最低（这种做法并不见得是多么精明的政治手段——毕竟这是你亲自选的阵地）。

深度工作

卡尔·纽波特（Cal Newport）专门为提升专注力并保持高效工作状态创造了一个词："深度工作"。他积极回避诸如会议、社交媒体、电子邮件和其他干扰项——这些浅薄的活动经常环绕在"高质量工作"的周围，但它们本身却与"高质量工作"风马牛不相及——他尽可能地将最多的时间花费在集中注意力，去思考那些复杂的问题，或者是深层的创造思维上。他的绝大多数时间都处于所谓的"僧侣模式"之中，主动切断与外界的各种联系。在多年的培训生涯中，我们观察到，这种高效的工作模式是我们的客户群体最难掌握的诀窍之一。但是一旦了解其中蕴含的深刻道理，那么随之而来的就是工作效率的成倍提高。纽波特还认为，随着时代的进步、科技的革新、机器逐渐取代人力，未来职场上的人类的最大竞争优势就是专属于人类的专注力和思考力。这一观点与"创造力思考"所提倡的高效工作理念不谋而合。

深度聆听

当然，有时候也需要以不同的方式去追求"深度"。深度关注周围同事的诉求，聚焦问题，并用心去聆听，这是团队增进和谐、信任和合作的制胜法宝。生活在一个发展太快，以至于没有时间关心自己的世界里，对周边的人表示同情不仅仅是团队合作的重要内容，也是最被低估的商业策略之一。试想一下这种情形：登上杂志周刊头条的往往是那些"邪恶"的特立独行者，而在当前经济形势下，支撑公司健康发展的真正英雄却往往是你在职业生涯中愿意与之共事的领导和同事——那些无条件支持你，愿意充当你的传声筒，帮助你成长的好人。领导力和管理力的一个重要组成部分就是聆听你的员工的声音。根据我们的经验，大多数伟大的领导者的共同点，是创造了每个人都愿意停下脚步，去聆听别人诉求的一个良好环境，哪怕这一愿景有时候听上去有那么一点疯狂。

深度聆听往往是解决问题的最好的工具。在高速运转、无暇他顾的组织文化当中，怀着善意去聆听是一种全新的行为方式。管理好专注力，倾心聆听，每一刻都只关注一件事情，我们就可以开始改变我们的会议和我们的生活。这也是高效人士在他们的最佳状态中所采取的行动。

平衡的艺术

让我们回到平衡的话题。如果只强调深度工作，那么我们的团队就会培养出一群特立独行的成员，这些人都对集体协作深恶痛绝。如果只强调深度聆听，那么最终我们只是经历了一节团队治疗课程而已。只有不偏不倚地在两者之间保持一种平衡，才是提高效率的重要保障。

作为领导和同事，仅仅意识到这一点是不够的。每个人都有对自身的专注力自主分配的高度诉求，这是人之常情；但是为了团队利益，有时牺牲个人的专注力也显得很有必要。团队中的领导者或者高效人士需要和团队中的每一个成员保持足够多的谈话，让他们明白应该如何更好地管理并调整专注力。谈话的核心内容应当包括如何以及何时安排会议，搞清楚"会议时间"和"深度工作时间"应该如何分配；如何以敏捷管理工具去定期调整自己的工作计划和其他重要事项。接下来我们介绍一下会议里的"阴""阳"概念，希望这个概念能够很好地帮助你调整自己的专注力，并对你身边的人有所启发。

会议中的"阴""阳"

中国古代的阴阳二元论理论蕴含着很深刻的哲学真理（图 2-1）。这一理论认为，宇宙中有着诸多截然相反的能量、事物或现象：光明和黑暗、水与火、生与死等。在这个"太极"中，两种截然相反的力量——"阴"和"阳"互为对立面，但是它们都蕴含着彼此的种子。想想著名的电影《星球大战》：天行者卢克（Luke）可以因为亲生父亲的缘故被吸引到黑暗面，而达斯·维达（Darth Vader）同样可以开始自己身为绝地武士的新人生。两个主要角色的内心都包含着对方的种子，即与本身截然相反的力量，同

图 2-1 "阴""阳"图

时他们又互相依赖。这就是我们对这个系列故事产生浓厚兴趣的重要原因。阴阳二元理论不强调绝对对立，更强调两股对立的力量如何互相依存、互补和联系。（我们可以大胆猜测，如果电影讲述的只是"这是天行者卢克，他是个正面人物，没有人可以抵挡他"，那么《星球大战》系列就不会成为史上最成功的电影系列之一。）

"阴"指代更被动、更包容、更温和的力量。这种力量强调的是"润物细无声"，而非简单直接的干预。在我们的日常工作中，"阴"的力量能够促生新的想法、直觉和发现，也是保障团队和谐和良好合作的重要动力。"阴"的力量帮助我们善于倾听，确保每个人都能以最好的状态为团队创造贡献。

"阳"指代更活跃、更进取的力量。"阳"的力量驱使我们去制定目标，专注于成长，完成工作并以雄心和活力去追寻我们的目标。"阳"的力量也可以是爆发式的，甚至在某些时候还会带有一些破坏性，但是这是一种能够确保工作推进的重要力量。

在所有的工作情境下，最重要的是达成两者的平衡：如果我们只有"阴"的力量，那么办公室就会成为一个闲逛的好去处，团队不大可能取得成绩；如果我们只有"阳"的力量，那么那些充满侵略性的举动就会撕裂一切，或把眼前的一切都推入无尽混乱的状态。哪怕是那些很有管理经验的领导者，个人的品质决定了有些人偏优柔寡断，有些人则过于单刀直入而缺少转圜余地；但为了团队的成功，每个人都需要去寻找拥有对立力量的种子。

创造性思考公司一般通过主题为"如何修复会议"的工作坊与客户开展合作。在培训工作中，我们曾多次提及以下两条重要声明，它们虽然看似矛盾，却是我们试图保持平衡运转的真理：

1. 会议很重要，因为会议是一个很重要的交流平台，可以让我们分享自己宝贵的专注力，共同推动变革。
2. 大多数会议其实一点都不重要，它们浪费了很多宝贵的时间；而利用这些时间我们本可以完成许多任务。

会议中的"阴"的力量的体现

禅宗般的平静

如禅宗一般平静，意味着要将思想和行为严格区分开来：清晰思考的艺术（与之相反的是行动力和生产力）需要我们在精神层面上"清理好轮船甲板"并且时刻保持专注。在脑海里储存一大堆无用信息，或者屈服于外界的信息干扰，极容易导致人茫然无措。只有注意力最为集中，效率才会最高。想想看，当你恰好遇到了某项任务的截止时间——它直接迫使你放弃了很多会占据或者分散你注意力的事情，因为截止时间很清楚地提醒你在这个当下只能做这件事情。在会议中，专注力和禅宗般的平静能够帮助你充分参与会议的讨论，并且尊重他人的付出。

充分参与某一场会议指：

- 把所有的注意力都放在会议室里，无论这是线上会议还是线下会议；
- 不要去查看你的短信，也不要被各种无关紧要的问题分心；
- 确保整场会议都围绕其核心目的（我们稍后会谈到目的性陈述）；
- 识别那些潜台词、情绪波动以及"桌下"或者屏幕外的战斗——并尽可能承认它们，或者把这些内容带到会议桌上并公开它们，确保每个人可以充分参与会议讨论；
- 承认情感，价值层面的讨论与生产和过程层面的讨论同等重要；
- 尊重每个人在会议里的贡献。

正念

正念意味着我们每时每刻关注自己的心理状态。它与冥想和瑜伽一样，能够帮助我们更加清晰地认识到脑海中的思绪波动。所有被掩藏在脑海之中的怀疑、焦虑和自言自语等负面情绪都会浮出水面，并使我们心生畏惧。但是，当我们能够理解脑海中发生的一切的时候，就能学会如何改变因拖延和恐惧而导致的异常状态。

通常，当我们在会议中感觉到情绪脆弱时，比如受到威胁、孤立、挑战和委屈时，我们就会很容易发动攻击或言语冲动，并制造出剑拔弩张的会议气氛（这一切的发生甚至都不需要什么原因）。

保持正念，正确认识情绪，能够帮助我们很好地监管自己的情绪，减少在其他方面的失态行为。如果情绪即将失控，请务必时刻保持一种谦逊的态度，并且深入剖析那些负面的、鲁莽的行为的起因。

如果你对某个论点或者挑战有格外的情绪反应，这其实也属于正常现象，完全不必忧虑，甚至向与会的同事坦诚你的这一特质也没什么大不了。这一规律其实具有相当的普适性。只需要抓住那些具体的让你不适的想法，并在第一时间承认自我，就能努力克服这些不适。

重视他人

在最佳状态下，会议的主题应该是关于人际关系的讨论，并深入工作和合作的情感层面的内涵挖掘。关注会议的形式当然更加简单——议程、时间安排、会议结论，比关注会议的"精神内涵"简单多了。当谈论到"精神内涵"，比如价值观、情绪还有那些过于"感性"的内容的时候，很多人都会感到不舒服。但是如果你想在团队中创造出和谐氛围和强大的凝聚力，或者培育一种领导文化，能够让团队成员不仅仅听从指导，还会主动去寻找方向，那么请务必与团队成员保持沟通，并且深入了解他们的价值观导向，这一点显得尤为重要。

善良和慷慨极易催生效率。它们是培养同理心，建立情感连接的绝妙方式。例如，只需要付出一点点的关怀和思考，在会议上慷慨地表达关注和赞赏，就可以产生巨大的影响。

你能够为他人做的最具善意的一件事情就是认真聆听。要发自内心地去聆听他们。我们应该已经接受了这一条设定，那就是在大多数情况下每个人的专注力是分散的，但是当专注力集中的时候就可以产生深度且强大的力量。所以当你和人交谈的时候，请务必努力朝着深度谈话的方向靠拢。

想要做到这一点就必须全力以赴。达成这一目标需要充足的准备：你的头脑需要准备，要好好组织自己的思想；你的对话需要准备，确保没有杂乱的干扰声音；你的会议也需要准备，确保会议中没有人在重要的事项讨论出结果之前就匆匆地推进其他议程。

深度也意味着承认，冲突和分歧同样也是过程中的重要组成部分。作为会议的主席或者协调者，要充分意识到每个人对于冲突的适应度是有分别的。譬如："好吧，我们需要展开一场有广泛分歧的对话"，或者用"了解到每个人的意见和感受很重要"这样的语言，能够很好帮助与会的每一个人放松，从而为健康的讨论和争执创造出一个安全的环境。

如果这一切听上去都有点难以理解甚至有点玩世不恭的味道，请不要担心。在会议的每个阶段，你都可以做许多实际的工作，为你的会议注入"阴"的能量。无论你在会议中扮演什么角色，以下的一系列问题可以从根本上帮助指导你的工作。

作为会议主席、推动者或者组织者，你需要思考这些问题：

➢ 为了使每一位与会者都以最饱满的状态出现在会议上，我可以做些什么呢？我应该如何促进对议题的客观评估，而不是使用所谓的集体思考或者夸夸其谈的方式蒙混过去？

➢ 我该如何做才能让与会者感到放松、快乐和有趣（这与会议气氛中的压力、消极和破坏性状态截然相反）？

➢ 我该做什么，才能让参会的同事站在更高的战略层面去思考问题？

➢ 谁会因为会议的潜在成果而感到恼火、受伤或者被威胁？在会议开始之前，我可以做什么，来帮助他们正确预测和应对?

作为会议参与者:

> 本场会议上的弦外之音是什么?
> 我该如何察觉,并把原本隐藏在"桌面之下"的话题正当地"放到桌面上"?
> 有什么事情是需要勇气才能提出来的但是会上却没有说?为什么提出这些事情的人不是我?

付诸实践

贯穿会议始终的还是人。关于"人事"可以很棘手或者很尴尬,但是这方面的一个小小的投入却可以产生巨大的影响。

美好的成功源于良好的开端: 要以"阴"的能量状态为你的会议奠定基调。它能够让每个人都舒心,从而使他们充分参与。以下这些简单的办法可以帮助你树立正确的会议基调:

> 请对所有的与会者表示欢迎,不仅仅是口头上和行动上的欢迎,而是要真挚地感激参会的所有人员。
> 从"畅所欲言"开始,让每个人都有机会就一个很熟悉的话题发表意见(如对一个好消息的分享,介绍每个人的名字或者职务等)。
> 从"回顾"开始。许多人会避免以这样的方式开始会议。毫无疑问,好多人都会在心里默默吐槽:

"每个人都知道的事情为什么还要说！"但是还是要做好会前回顾。回顾这场会议的目的，截至目前的成果，试图解决的难题，以及为什么要召集这些特定的人来开会（请逐一强调他们的名字，确保每个人都感到被重视）。

美好的成功铸就美好的结局：好的会议开局为整场会议奠定基调。而会议的结束则为后续的工作指明方向。就好像一场出色的演讲，我们总是倾向于记住最初和结尾的几个单词。你希望参会人员是带着什么样的思考内容离开会议？作为会议的结果，他们感受到的、思考的或者要去做的下一步工作是什么？当然，你也有许多简单的事情可以做（在接下来的章节中会介绍许多实用的做法）：

➤ 以感谢和行动号召结束一场会议。珍惜会议的时间和投入。重视那些坦诚的言论和意见。

➤ 以"结束回合"来收尾。如果你是主席或者会议的推动者，你会去思考结束语；但是在这之前，请让每个人在发言最后用一句话作为总结。简单的一个单词的总结是最快捷简单的方法。也可以请与会者用几句话来表达他们期待或者青睐的内容。

➤ 以"回顾"结束。描绘一下接下来的行动会产生怎么样的积极成果。

"阴"中之"阳"

毫无疑问，会议不可能全是"感性论调"。会议是需要有结论的。你需要关注产出，并且推动会议向这个方向去发展。与阴阳二元论哲学一样，每个领域都需要对立面力量的种子。

在深度聆听的过程中，我们尤其需要关注时间。我们需要一个章程：它可以是议程，或者是某个定时工具，一个简单的中场休息或者是其他手段。每次会议的结束都应该是"阳"的能量的集中体现：行动记录，对于未来的关注或者本场谈话之后确定会落实的事项等。

会议中的"阳"的力量的体现：无情

无情并不是要像表现得如同《学徒》(The Apprentice)里的候选人或者是吝啬商人那般，而是指从预期结果入手，然后逐步倒推过程。无情意味着故意无知，以更好地保护我们的专注力。这不是什么自私的行为，因为在这个信息超载的时代，这样做对于培育创造力和实现目标都极其必要。无情同样意味着对影响我们的时间、精力和专注力的要求说"不"。说"不"会是一件很困难的事情，这里有一些建议可供参考。

对自己说"不"

对自己冷酷无情可能会很难——我们想要做好工作，

和他人协作并取得成就。但是在某些情况下，这些期待会妨碍我们集中精力和注意力，很难将之聚焦于真正发挥作用的地方。我们需要有能力对自己说"不"。在与人交谈的过程中萌生出责任感或者兴奋感是人之常情，在不知不觉中，你可能已经在本该拒绝的事情上花费了不少时间和精力。要训练自己习惯于在一番深思熟虑后最终说出"可以"，但是在讲"不可以"的时候就一定要快速。每做一件事情都要问自己："这真的值得做吗？它是否为核心工作增加了应该有的价值？它会对我的目标产生积极影响吗（无论是财务上还是其他方面的）？"如果答案不是很坚定的"没错，就是这样"，那么建议你在做出结论之前再三考虑。有时候你会想到一个精彩的点子，但是在思虑再三之后，你会发现它并不是优先选项，或者不会对很多人产生促进作用。你需要记下这个好点子，并在之后的日子里时常翻出来查阅。这样做并没有什么不对，但是希望你能够变得冷酷无情，去专注于最能创造最积极的改变的事情，而不是致力于抓住每一个机会。

　　当然了，存在那么一些会议，哪怕不一定和我们的最优先项相关，却能让你产生一种蕴含着巨大机会的错觉。如果我们因为受邀参加会议而感到受宠若惊，或者因为担心会错过一些信息而不敢直接拒绝开会的话，那么我们的工作日程上可能会被这类会议给填满。实际上，这些并不是我们说"是"的充足理由。

> 所谓成功人士，与真正做出成就的伟人的区别在于，真正成功的伟人几乎对所有事情都说"不"。
>
> ——沃伦·巴菲特

拒绝参加所有会议

我们很清楚，拒绝出席会议并不是一件简单的事情。也许会有许多政治原因导致你必须在某些会议上露面；在责任感的驱使下，你可能认为许多会议是不可避免的。但是请你这样想：如果你一天中仅有的两小时空闲时间都被安排了会议，那么你一定会有足够的动力来拒绝参加会议。以下是让你少参加会议的办法：

- 三分之一战略。对于那些常规会议，如组会、"全体会议"等，你不会因为错过其中一个而落后于人。让我们认清一个现实，谁会记得上次会议有人没来参加？你需要具备战略思维，并且巧妙选择不参加会议的时机。在我们职业生涯的任何阶段，"三分之一"的策略永远适用。这一技巧简单但是高效。
- 安排同事参加。同样地，从政治角度讲，安排一位资历较浅的同事代表你去参加会议可能是不恰当的。但是这样做也有好处——可以让你的同事有机会站在你的角度去认识团队,去接触各种不同的人。如"三分之一"战略一样,这同样需要谨慎考虑方可使用,但是可以有效地省出你的时间。

> 低调的出差安排通常是一个很好的远离办公室和分散注意力会议的借口。战略性地安排出差,在一天的中间时段安排一个会议,这样可以在你出发赴会之前为你争取几个小时的在家办公时间,或者在完成工作之后有时间坐在咖啡店里感受一会儿平静,之后再从容安排或者跟进一些工作,而不是直接回到办公室去投入工作。在出差路上安排一点额外的"偷偷工作的时间"可要比在工作日中调节恢复专注力要高效得多。

> 会议是组织不善的表现,越少越好。
> ——彼得·德鲁克

魔力词

在心理学实验中,有这样一个结论:如果在你的观点后使用"因为"这个词,会让人更倾向于同意你的观点。为你不能在某件事情上说"是"添加一个似是而非的理由,也被证明是有用的。科学实验证明，你甚至不需要表现得那么有说服力——人们总是对质疑他人感到紧张。所以一个简单的"因为"就能够改变一切。同样地，"不幸的是"这个词也会为答案添加一种不可避免的氛围，从而终止对话。

设置个人原则

如果你想要拒绝一个会议，或者什么潜在的承诺，采用"个人原则"作为理由而非专门针对请求的拒绝，也是一个很好的办法。举例说明，我们都住在距离伦敦大约一个小时车程的地方，经常收到进城喝咖啡或者参加会议的邀请。这时就可以这样拒绝："我这个月在伦敦的时间已经用完了"，这句话要比简单拒绝一个会议请求要好得多。你的个人原则可以是任何东西，从每年分配给公益活动的时间，到捐赠给慈善基金会的金钱，从你决定关注的工作类型，到你每年的旅行数量，等等。关键在于弄清楚什么样的邀请和部署是真正适合你参加的。请务必保持工作和生活的平衡，并且为此设立一些界限——然后让这些限制条件来帮助你做出决定。

以下几个例子关于如何巧用个人原则，来帮助你为深度工作或者重要的会议创造空间。（并非所有都适用，你也不需要一一尝试！）

> ➢ 设置一个开放时间，或者"管理者手术时间"（对于大多数管理者来说这是一个很聪明的计划，因为

有开放时间就意味着有关闭时间）。
- 每周或者每月都要设置一定数量的出差时间或者办公时间。
- 上午 / 下午没有会议（格雷厄姆的会议就固定在每周一到每周四的下午2点~5点）。
- 每周固定的会议时间总量。想象一下，如果每个人都这样做，那么你就可以用自己的时间去交换别人的时间——商品的稀缺性会让每个人都更为仔细地考虑会议。
- 一定数量的公益时间，或者预留出帮助组织团队其他成员的非核心项目的特定时间。
- 特定的家庭或社交时间。（设置一个最小值，而非最大值！）
- 围绕特定项目的规则（尤其适合自由职业者）——比如，"我不会为曝光而免费做任何事情"，或者"我只和符合某些条件的组织或者项目合作，具体的标准我都写在我的私人网站上，作为一份指南"。

品红项目计划（Project Magenta）

"品红项目计划"的第一条规矩就是闭口不提什么是"品红项目计划"（定义和指向模糊的重要议程），你需要做的只是简单把这一计划放进你的工作日历里。操作思路是这样的：如果你宝贵的时间经常被向你发送会议预定请求的同事给安排，而这些同事恰好是属于不怎么尊重"个人计划""时间安排""电子邮件进度"等理念的类型，那么请把这个品红项目计划给搬出来，表示在这个时间段内你不能受到干扰。由于你的同事不知道这个计划的具体内容，所以他们也不太会质疑其重要性。

客串会议

对于一些时间很长的会议，真正需要你出席的可能只是其中一到两个重要议程而已，其余的则大多无关紧要。对于这类会议，请事先与会议的组织者讨论，并提出"我无法全程参加会议，我能不能只参加早上的部分/只参加与我相关的部分？"或者"大概什么时间段和我的项目相关，这样我可以及时上线参与？"

看似简单但却有大用的"不"

如果你无法承担整个任务，也许可以建议由你认为更合适的人来负责。（显然这并不总是可行，尤其是对于那些应该由你负责的项目！）与其花一整天埋头工作，不如腾出半小时与那些向你寻求帮助的人共享一杯咖啡，传授一些你的宝贵经验，好让他们的工作变得更加轻松简单。

如果向你寻求帮助的是你本人领导下的直属团队成员，那么你需要好好询问一下自己："我提出的要求是否成了整个项目的瓶颈？"如果是这样的情况，请找到降低团队期望的办法，并着手推动任务的简单化分解（请记住，团队里的伙伴们也许会感觉更有压力，因为他们对于项目成功的定义比平常的时候更加严苛）。你也可以选择介绍在该领域提供训练或指导的其他专家来协助工作，而不是亲力亲为参与有关细节设定。

断、舍、离

最后，我们需要对许多影响我们的注意力的事情说"不"。关掉手机、电子邮件和其他消息软件的通知就是一个很好的例子。下定决心关掉这些东西，实际上就是对日常生活中可能对我们的效率产生重大影响的几百次间断说"不"。

另外还值得一提的就是开放式办公室。在工作坊的交流中，我们时常听到这样的抱怨，那就是来自办公场地的干扰是浪费时间的一大根源。我们很清楚这一点。在我们看来，开放式办公室非常适合协作和社交（当然也很节省办公租赁的费用），但是对于生产效率的提升就没有多少帮助了。不过幸运的是，有一个解决办法。那就是在办公室门口准备一个很大的标识，写着"有事外出！"你要学会习惯这样的场面。每周都花一天在家工作，这样你就更容易集中注意力，自我反思。如果这对你没有什么效果，那么建议你每天花费一个小时泡在咖啡馆或者食堂。保持无情是一个艰难的决定，包括故意让自己变得不那么容易亲近，不过我们相信这对提高效率很有帮助。

> **务必牢记**
>
> 不参加所有的会议是可以的。一味应承意味着对其他需要集中专注力的重要事项说"不"。

练习:"翘班一天"挑战

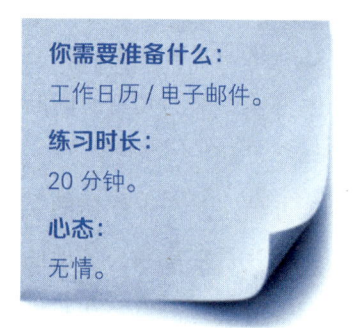

你需要准备什么:
工作日历/电子邮件。

练习时长:
20分钟。

心态:
无情。

你想成为无情的英雄吗?要不我们取消日程上的一些会议?没错,让我们马上着手安排!我们要省出大约7个小时的时间——差不多是一整天的"背靠背"会议所花费的时间,并把这段时间从你的工作日历上划掉。

挑战的目标在于为你和你的同事省出7小时的时间。例如,如果你和2位同事有一个长达1小时的会议,那么这个会议一共占据了你们3小时的时间。如果你和几位同事原本都要参加长达1小时的会议,但是你缺席了此次会议,那么这算是节省下来1小时的时间。如果这个会议共有7位参会人员,而你取消了这个会议并将会上要讨论的内容整理成一份具有决定性作用的电子邮件,那么你就实现了一次节省7小时的目标。

第一步: 查看一下你的工作日志。寻找你本人是组织者的那些会议,或者挑选那些你对参会人员的确定有决性影响的会议。认真思考一下：可以取消这些会议吗？可以减少参会人员的数量吗？（只需要发送一封电子邮件解释清楚——他们通常都会很高兴能够把时间节省出来，也许还会给你顺手带点小饼干表示感谢。）

第二步：仔细浏览那些你仅作为参会人员的会议。有办法不去参加吗？如果只是常规的例会，而你又必须到场，那么是否可以缺席下周的会议呢？（在这种情况下可以应用"三分之一"战略）

第三步：如果不能直接取消某个特定的会议，可以缩短会议时长吗？如果你将一个8人会议从2小时调整到了90分钟，那么这就算是节省了4小时。

第四步：为你和你的团队省出一整天的时间而欢呼雀跃吧！

第五步：如果你有勇气，请与同事一同分享完成挑战的喜悦吧！也许你会发现，已经有人接过了你的接力棒，开始着手精简会议。你的工作日志将日趋简洁。这是多么神奇啊！如果你对自己的工作日程安排有比较大的自主权，总是主动发送许多会议邀请，那么节省下一天的会议时间并不算是一件多么困难的事情。如果你是一个没有多大自主权的职员，那么这样做可能会面临多一些的挑战。我们认为这是一条很不错的无情准则，可以定期推广——你越觉得容易实现，我们就越建议你定期检查自己的工作安排，为接下来渗入"阳"的力量和准备深度工作留出时间。

做好充分准备

当你很清楚应该对什么事情说"是"的时候，那么对一件事情说"不"就变得更加简单了。实际上，如果你手头有一份关于所有项目和重点工作的待办清单，那么你只需要使用"阳"的力量去果断地做出决定。这意味着，你和你的领导可以客观评估工作量，确定其是否符合新要求；同时要避免讨论你和你团队的努力程度，因为能证明团队努力程度的唯一方法就是不断增加待办事项。

充分准备同样也是"高效忍者哲学"的关键要素。令人惊讶的是，在我们举办的工作坊中，很少有人能说明白自己手头上的那份待办事项清单，更不用提对战略思维要求更高的项目清单了。关于这一点，最恰当的做法是同时保留一份待办事项清单，专门追踪你交代他人去做的一些事情的进展。这些简单的待办事项清单能够很好地帮助我们建立对工作的掌控感，并产生源源不断的工作动力——因为我们对所有的工作都布置了下一阶段的安排，在每个时间段都有可以着手推进的工作，哪怕是在最糟糕的"专注力不集中"的时间段里也一样。做足准备意味着一切都井井有条，而井井有条的安排就是成功的一半。

无议程，不会议

之所以有那么多的时间被人们浪费在各种会议当中，很大程度是因为开会的决定根本不是深思熟虑的结果，甚至根本没有经过考虑。对于那些没有认真准备的会议，或者没有会议议程的会议，我们应当很坚决地说"不"。如果你受邀参加一个会议，那么在确认出席之前请务必查看会议议程。如果没有看到议程，怎么知道会议是否值得你去花费时间和精力呢？虽然这种理念一开始显得有些激进，但是很快就会感染到身边的人——这当然意味着，如果你组织的会议没有议程，其他人也会质疑你。所以这个规则的下一阶段就是，你只参加那些有明确的议程和目的声明的会议。关于这一部分后续会详细介绍。

下一步行动

"下一步行动"理念是我们教学的关键部分。假设你接到了马上需要完成的任务，回想一下自己开始工作的状态。通常（尤其是遇到新任务的时候）我们都在这一步耽误时间，不知道第一步应该如何入手。这时想象一下你正在写邮件，或者与某人交谈，或者在编制思维导图；这样的工作模式要比你简单写下"从某几方面入手开始工作"要有用得多，因为你的大脑会巧妙地从待办事项中把这项任务摘选出来，并且对其"施加魔法"。养成用自己的语言习惯来详细说明也是一个很好的方式。每次都以提问来结束会议，并以"阳"的力量去专注于后续行动：

▶ 好吧，所以下一步行动是什么？
▶ 谁会是这个项目的总负责人？

> 我们采用什么指标来评估工作进展？什么时候开始评估？

一个很普遍但是让人意外的现象是，我们在会议中达成了一系列共识，却没有讨论具体行动，最终导致预期成果和现实成绩出现了巨大偏差，并引发一系列问题。

我们需要花费一定时间逐步调整这样的工作模式。这需要在个人的工作语言习惯中培养这种令人厌烦的"细节强迫症"。在某些同事看来，这种习惯甚至还带了些迂腐。但是一旦你真正领悟到这样做的好处，就很难再以其他模式去工作了。你对自己的工作思考得越多，从中捕捉到未来的发展趋势，那么你的工作就会越发轻松。

改变职场文化

保持冷酷无情的职场态度是一项伟大的个人生存工具。它能够避免你陷入阻碍而非促进高效生产的落后文化，不过，要是你准备以自己的力量去改变公司文化，从根源上去降低推进工作的难度呢？何不选择去扭转局面，而不是总是挣扎于那些注定失败的战斗呢？以下几个建议都是关于如何改变职场文化、改变那些根深蒂固的观念的；务必要把注意力重新集中到会议的效率上，而不是诸如饼干的生产标准等无关的杂念上。

设定时间挑战

帕金森定律是最著名的高效法则之一。它认为"工作总是有加速侵占我们时间的扩张属性"。我们认为，当你为了寻求在某个特定话题达成广泛共识，聚集起许多人参与讨论的时候，就一定要多想想这一条定律，警惕那些"不经意"间占据的宝贵时光。大多数会议的时间设定都是以1小时或者半小时为最小标尺的，这是因为会议是用诸如微软公司的Outlook等共享日历工具来预约的，而软件里关于会议时间设定的选项默认值就是半小时或者1小时。当然你可以选择开一个42分钟的会议，只不过你必须手动输入会议时间，这一动作需要耗费你大约8秒的时间。在这样的场景之下，因为没有人试图打破这个惯例，每个参会人员都被浪费了大约20分钟的时间。如果你是会议的组织者，请尝试一些非传统的方式。把会议时间设定为42分钟而非1小时，或者1小时18分钟而不是1小时30分钟。我们相信，这些简单的改变会有立竿见影的效果。不仅仅是简单地缩短你的会议时间，从而为你腾出更多的可安排时间。这样做还有更加神奇的结果出现。

还有一种方式，就是将会议设定为常规的时间，比如1小时30分钟，不过在会议开场的时候尝试不同的会议风格，比如："我知道大家都很忙，我们来做一个挑战。在1小时或者更短时间内完成这个会议，而不是花费整整90分钟。"每个人都会喜欢这个主意的。

积极颠覆

从一般规律看，组织规模越大，变革的速度就会越慢。组织是个人的扩张版本——使个人陷于固定的工作方式。哪怕是只有少数人的小规模组织，也可能陷入无效率的舒适模式。要想改变这一点，最重要的就是勇敢承担起把这一切都打破重塑的责任。所谓积极颠覆，就是主动提出棘手的、具有挑战性的问题。绝对不能把"这就是在这里做事情的方式"这样的话挂在嘴边，因为永远都有可以改变、提升和学习的内容，永远都会有更多收获的可能性。成为改变当下的"烦人家伙"是一个不小的挑战，不过请坚定你的做法，因为你这么做是出于提升生产效率的目的。

说到颠覆会议，为什么不尝试一下新形式？如拥挤会议，或者静默会议（稍后我们会提到这两种会议的具体开展形式）。你可以安排一次步行会议或者户外会议，甚至可以在酒吧里开会，而不是千篇一律地在同一个闷热的会议室。当然你也可以和你的团队一起坚持一周不开会。

有时候，你根本不知道什么才是最好的，除非亲自尝试过。关键是要对"想要做个实验尝试一下"的想法感到舒适——并且为失败和教训总结留足空间，这才是成功的关键因素。

大肆破坏

"大肆破坏"是精酿啤酒公司（BrewDog）的企业文化之一。不管你对这家公司是喜欢还是讨厌（或者两种情绪兼而有之），都不影响它成为该领域发展最快的企业之一。该公司时常带领整个团队到外面去"大肆破坏"，这种方式可以鼓励每个人保持好奇心，并确保没有人待在工作的舒适区。

在创造性思考公司，我们也会挑选非工作时间开展一项重要议程，即"大肆破坏"活动。每个人都可以写下自己日常工作中观察到的公司运作过程中的那些低效率环节。就算是你和你的团队一言不发（在我们的印象中这是很少见的），这种尝试也能够帮助人们集中注意力，更好地聚焦那些有效率的做法。这样对节省团队和个人的时间和精力大有好处。我们要求成员把想法写在便利贴上，这样每个人就可以匿名提交自己的想法。这种做法鼓励我们的团队成员说出自己的内心想法，筛选出那些行不通的公司措施，并为可能的新事物留足空间。这一举动直接促使我们取消了很多常规会议，或者将会议体系打破之后重新组合。这样一次简单的集体活动，就可以为全公司节省好几天的工作时间。

在这种氛围下，每个人都有信心去表达自己的想法。我们可能会犯错误，因为并不是每个想法都值得遵从，但是最重要的是创造了一种健康提问的文化。

保持会议精简——"两张比萨原则"

亚马逊的杰夫·贝索斯（Jeff Bezos）用"两张比萨原则"来规定会议或者团队的最大人数。规则很简单：参会人员不得多于两张比萨能喂饱的数量。再简单一点，任何超过六个人的会议都会失去效率。这一点对于决策会议来说尤为重要（当然，如果会议目标是在整个组织中进行全面沟通，要么你可以选择打破这一规则，多订购几张比萨；或者也选择用电子邮件等形式来代替会议）。

与我们合作的许多组织都有这样的企业文化，邀请尽可能多的关联人士参加会议，哪怕很多人与会议议题只有少许相关性。很少会有人去思考会议真正需要多少人参加。想要改变这种会议文化是比较困难的。我们要在公司内部创造出这样一种普遍共识：会议邀请不是平常小事，会议的规模应该限定在很小的范围，议题应该相对集中，不应该出现那种规模庞大但组织杂乱的会议形式。事实证明这是许多企业提升管理水平的有效抓手。在充满包容的"阴"的力量和无情的"阳"的力量之间做好平衡，这才是会议优化的最终目标。

避免会议缺乏新意

有这样一句非洲谚语，"哪怕是最出色的舞者都有被人厌倦的一天"。这句谚语同样适用于例会。我们总说，每周例会是必不可少的，这也许是出自信息分享的考虑，保证每个人都在沟通交流；或是为了解决一些常见的问题。但是通常来说，前几次例会还能给人一种创新、新鲜的感觉，也许的确也解决了一些问题，或是改变了一些现状。但是随着时间推移，例会就会变得无聊。萦绕在耳边的都是不断重复的内容，毫无新意可言。这就给人一种会议陈旧迂腐的感觉。

通常来说，接下来会发生的事情，就是出现一些积极改变，可能是在会议中加入一些不同的内容。这时参加会议的一位工龄比较长的同事就会告诉大家，用间隔较长的会议来取代之前例会的做法正是八年前发生过的情形。有时候我们不得不承认，我们总是陷于类似的循环往复而不自知。

这本身其实并没有什么错。循环往复本来就是自然规律。让我们发散一下思维，思考一下四季交替是如何影响树木成长的。如果你是第一个种下这棵树的人，那么秋天的树叶如何落下是不需要你去操心的。同样的，这并不是对会议组织者的批评，但是你可以留意一下，会议是从什么时候开始变得单调无聊，并且开始引入一些有趣的改变的。你可以鼓励团队尽早发现需要改变的时间节点，并且帮助成员营造一种积极参与的工作氛围。

优质汇报的企业文化 = 极简企业文化

团队沟通最重要的是质量而非数量。如果创建一百个工作群组，每个人都在忙着发送电子邮件，或者不停地组织 Zoom 视频会议，无疑会给人一种乱糟糟的感觉。但是实际上，这些不过是工作噪声而已。在你身处的所有个人角色、团队角色或者组织角色中，实际上你只能确定一个、两个或者三个关键指标——那些真正能够发挥作用，并且印证绩效趋于优秀的指标。尤其要注意的一点，把这些指标数据分享出去，能够对那些正在组织中的会议产生巨大的影响。本书在这里推荐一个很好的办法，那就是"视觉重复"。把这些指标放在每个人早上都会路过的白板上，或者让它们出现在团队高频使用的软件（不管是客户关系管理系统，还是财务应用程序，或者各种任务管理程序）的仪表盘上，或者列在每个人都能收到的周报上面。这种对核心数据的"锚定"有助于聚焦专注力，避免很多不必要的"离题万里"。创造这种优质汇报的企业文化需要"阳"的能量。它能够帮助明确决策者的地位，明晰谁是信息的接收者，并且确定每一场会议和指标背后的真正目的。

我们观察到一个看上去违背常识的现象，那就是那些努力减少电子邮件的公司，往往会在会议上浪费更少时间。这是因为他们花费了更多的时间和精力来建立关于沟通的基本规则。

"阳"中之"阴"

"阳"的力量是具有破坏性的。诸如"破坏"规则或者无情地拒绝参加会议之类的举动，不太可能在组织上赢得政治好感，或者赢得他人青睐。从我们自小接受的教育来看，任何偏离标准的行为都是具有风险的，某些恶作剧甚至是错误的。所以当我们身处热烈的"阳"的氛围的同时，很有必要分出心思去关注"阴"的部分，有必要分出耳朵去仔细聆听——哪怕在我们低着头拒绝开会的时候。这意味着机智、敏感和深思熟虑，确定如何最好地向团队"推销"这种企业文化上的变化。这同时意味着，太多直白的"阳"性行为——缺少"阴"性的平和凉爽的制衡，是不太可能产生积极的结果的。

我们马上就要结束这一节和这一章，最终以回顾开篇来收尾：我们并非强调从一个极端跳到另外一个极端，重点是平衡之道。的确，我们在这一章中关注"阳"的品质偏多，是因为在下一章我们更多的实质内容会偏向于"阴"的方面。但是在工作过程中，最关键的是要清醒认识到，两者都需要它们的对立面配合，才能正常运作。

练习：你更偏向于"阴"还是"阳"？

你需要准备什么：
高度集中力。

练习时长：
15 分钟。

心态：
反思心态。

你在工作中定义过"阴"和"阳"的力量吗？使用表 2-1 品质自测表，来检查你的工作状态偏向于"阴"还是"阳"或者是居中平衡。

表 2-1 品质自测表

"阴"	"阳"
协作性	自主性
深度聆听	习惯性打断，不总是全神贯注
持续投入	达到预定时长即可
建立共识	目标导向
专注于思想、课程和人	专注于行动

你也可以问自己几个问题：

> 你认为你所在的组织文化是否花费了太多时间在会议中？是否需要引入更多激情，甚至偶尔无情的"阳"性力量来为深度工作铺路搭桥？
> 你在会谈的时候，倾向于漫谈，还是倾向于深度了解对方的诉求和问题？
> 如何平衡好会议的"阴"和"阳"的力量？

一旦你确定你组织的会议是偏"阴"还是偏"阳"之后，请你考虑一下是否需要引入更多的反向力量。思考一下，在接下来的会议中你是否该采取一些不同的手段，来更好地平衡会议中的两种力量。

当出现以下情形时，说明你开始修复会议了：

> 很好地平衡了参加的会议的"阴""阳"力量。

➢ 组织会议，只邀请了必须参会的人员，会议时长大幅缩短。
➢ 回顾过去几周的工作，你认为自己组织的会议对于工作热情和专注力的提升有明显推动作用。

第三章

会议之前

谨慎处理：40-20-40 分配原则

通过长期针对会议形式改进的深入研究，我们整理出了一整套方式方法，确保会议能营造出深度倾听和协作共赢的良好氛围。接下来的三个章节更具实用性，将重点介绍会议的三个关键环节：会前、会中和会后。

多年以来，我们曾与许多优秀的会议促进者（这些天才总是能够很巧妙地管理会议，并且与其他团队开展良好的互动合作，共同达成目标）展开合作。其中最有名的专家就是马丁·法瑞尔（Martin Farrell），他也是创造性思考公司的成员，一位专业的会议促进者。法瑞尔曾经与包括联合国、英国文化协会、北约组织等在内的许多机构开展合作。看他工作是一种乐趣，因为他主导的会议给人一种变魔术般的感觉。因此他也被戏称为"会议魔术师"。他很擅长引导他人就某些难题展开建设性讨论，并形成会议成果。用法瑞尔的话来说，与他合作的那些组织"交出了自己的车钥匙"，完全相信法瑞尔会带领他们朝着正确的方向前进——也许是通过一个下午、一整天或者一个持续好几天的会议。

法瑞尔与路易斯·格雷斯尔（Lois Graessle）、乔治·加林斯基（George Gawlinski）合作编写了《一起开会》（*Meeting Together*）这本书。书中提到了一项我们一直遵循的原则：40-20-40 分配原则（图 3-1）。这一原则讲述了我们该如何在每次会议中分配好我们的精力和专注力：

40 **20** **40**

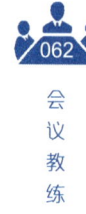

会前　　会中　　会后

图 3-1　40-20-40 分配原则

40% 的精力和专注力用于会前准备；

20% 的精力和专注力用于会议本身；

40% 的精力和专注力用于会后高效跟进。

大多数人将几乎 100% 的精力和专注力都分配在"会议"本身，而对会前准备和会后的事项督办缺乏足够的重视。这往往会导致会议冗长且缺乏成效。也许你已经在这方面有了深刻的体会，相信这也是你为什么选择这本书的原因之一。

很显然，如果你是会议的组织者，你很清楚地认识到，会议之外也有许多值得重视的地方。哪怕你只是会议的参与者而非组织者，想要珍惜并高效安排投入在会议里的时间，也必须事先做好充分的阅读和准备工作，并积极跟进会后的工作安排，甚至思考更长远的战略部署。

在接下来的三章，你会学习到许多实用的建议和技巧，它们会使你的会议变得神奇且富有成效。在我们深入研究以前，先解释一下"40-20-40 分配规律"：

1. 如果周一安排了许多"背靠背"的会议，那么这一周的其他工作日就不应该再安排会议了！

请好好想一下其中的逻辑。如果五个工作日里就有一整天在开会，会议时间就占据了本周 20% 的工作时间。在剩下来的日子里，你还需要分配时间去跟进会议中达成的共识，并为下一周即将举行的会议做好计划和准备。如果站在这个角度去看待会议时间分配，那么之前提到的"冷酷无情的策略"就并不像是一句玩笑话了。

2. 专注于会前准备和会议设计，就有可能创造奇迹。

法瑞尔经常挂在嘴边的一句话是，魔法不是会议当天发生的，魔法需要提前做好充分的准备。在会前，你需要充分了解与会人员的背景，理解他们的核心诉求，并提前与一些关键人物就讨论的边界等达成共识。当我们开启下一章之前，你会明白应该如何巧妙地邀请他人参会，并将你的会议安排得格外出彩。

3. 高效的会后跟进落实应该成为公司组织文化的重要组成部分。

会议里安排的小饼干和活跃气氛的闲聊当然可以营造出一种舒适的氛围，但你同时也需要下定决心把与会的同事推出舒适区，尤其需要注意在关键事项上赢得推进承诺和支持。这就是设计会议的关键：明确目标，设计引导，形成共识。这样一来，每个人都能获得对下一步行动的清晰且坚定的认知。

会议准备好了吗？

会议的质量在一定程度上取决于会前准备是否充分。

本章节将帮助你熟悉会前准备的各个重要环节——无论你是会议的组织者还是参与者。

本章将先详细介绍如何以用户思维指导会议设计，并提供一些实用的技巧供你练习，指导你着手设计会议。即使你不是会议的设计者，了解这些内容也很有帮助，因为其中的一些想法会帮助你成为很出色的会议参与者。

第二部分是关于格式设计——如何从我们的会议菜单中选择最恰当的会议形式，使会议契合目的，同时也能令人印象深刻。作为会议的设计师，你还需要注意会议设计要与开会的场地环境相匹配。

本章结束之前，我们还将向你介绍，如果你不是会议的组织者，应该做哪些准备——也就是所谓的"后排转向"思维[1]。我们会推出一些行之有效的做法，帮助你促成会议的成功，同时这也可以帮助你提升开会的专注力。

请记住，每一个公司和组织的会议文化都存在差异。所以在阅读本章的时候，请你同步思考可以应用于你所在的公司的建议。会有人存在这样的刻板印象，认为灵活多变的会议形式更适用于那些规模较小的组织，对于那些条条框框限制更多的"成熟"企业来说可能并不适用。但不可否认的一点是，哪怕是体量庞大的跨国公司，远程会议这样新兴的会议也逐渐成为一种常态化的会议形式。如何才能鼓足勇气，去突破边界？最关键的是回顾初心，思考什么才是最适

---

[1] 意思是如果你坐在汽车后排，该如何帮助汽车转向呢？——译者注

合你自己的。但是请不要将"适合"和"容易达成"混淆。如果你觉得某件事情并不适合你,请对这个假设保持质疑的态度,并用实际行动发起挑战。有时你可能是对的,但是最终的答案需要你勇敢地进行尝试之后方可得出。

为什么会前准备的 40% 很重要?

让我们认清一个现实。在某些时候,我们都以为自己"胜券在握",于是在毫无准备的情况下冒失地闯进某个会议。对于会议的组织者来说,这种现象时有发生,但在会议参与者身上出现得更为频繁。很有可能出现的一种情况是,你没有为这次会议做好准备,自然也不太会得到很好的会议结果,反而可能会因为承认自己没有为之付出努力而感到尴尬。海莉就对此深有感触。有一次,她参加了在她担任董事的学校组织的一场会议。她并没有提前做足准备,因为她以为这场会议是安排向她解释基金运作的某些特定方面的责任的。实际上会上有一位第三方评估员出席,负责观察并评估理事会成员对自身的职责是否有着清晰的认知。整场会议让海莉极为尴尬,因为她被问及基金会以及学校的支出等情况,对会议内容的生疏让她手足无措。因为缺乏准备而陷入困境,因为这种"不专业"行为而感到耻辱是理所当然的。如果你没有做好准备,请先问自己,这次会议是否值得你关注。如果答案是"是",那么请你务必做好准备。

如何为明天献礼？

这就是为什么我们需要做好充足的准备。今天做的事情会在明天或者接下来的某个日子里收到反馈。通常来说，你只需要付出小部分的精力和专注力，就可以完成各种准备工作。如果你将这种习惯应用到会议准备上，就会对你的工作生涯产生巨大的影响，使其运转得更为流畅。这样的回报谁不希望得到呢？

> **务必牢记**
>
> 询问自己，今天可以做点什么；这会对你未来的会议大有帮助，进而让你未来的生活变得无比简单。

会议如何令人愉悦？

用户体验设计（通常也被称为"UX 设计"）是指"通过提高与产品交互时的可用性、可访问性和愉悦感来提升用户对产品满意度的过程"。它是由"坚果云"公司（Dropbox）的约翰·阿米尔-阿巴西（John Amir-Abbass）定义的一种将用户偏好考虑在内的设计方法。这里引申出一个激进的想法：如果会议能够像你最喜欢的软件或应用程序一样，给你带去快乐和高效，那将会是多么美妙的一件事情！如果与会者真的能够在会议中感受到自己的观点和经验被尊重并受到充分考虑，那可太棒了！我们可以从 UX 设计中获取灵感，帮助实现这一目标。这里我们借助

"UX 设计的六大阶段"来设计出精彩的会议。

一、了解用户和组织。用户体验设计师努力挖掘用户与公司品牌和使命之间的关系。"公司的目标客群是谁？""公司品牌的价值和愿景是什么？""我们希望重点解决什么问题？"这些问题可比制定会议议程要更具哲学意味。不过我们马上就会讨论到为什么确定会议目标要比设定议程重要得多。请认真思考哪些人应该参会，他们该如何做出最大的贡献。他们的个性是安静还是充满表达欲望？他们试图解决什么问题？他们真正关注的是什么？（请记住：没人关注会议本身！）

二、认真调研。在软件或网页设计中，研究并了解你的潜在用户，进而验证假设，这一点非常重要。常用的办法是开发"替身"或者"购买者角色"来描述特定人群在特定情况下试图解决某些特定问题的情形。随后你就可以使用调查问卷或其他市场研究方法来测试这一问题是否真实，该解决方案是否迎合市场。这里有一个便捷的办法，那就是寻找三到五个与"理想用户"特征相仿的个人进行结构化访谈。这一系列工作可以在我们发出会议邀请前实施。与一些潜在的与会者进行会前讨论，能够很好地帮助你明晰会议的目的，同时可以收获关于会议议题倾向性的反馈。会议是否也能解决其他人的问题，还是单纯只是要求与会者放弃他们的工作时间来解决组织者的问题？还有什么内容可以放进议程中？只需要与少数几个人进行这样简短快速的对话，就可以收获有助于会议准备和成果汇总的宝贵信息。

三、缜密分析。有了先前的对话和想法，你就可以开始确定自己需要一个什么样的会议——或者，是否还有更好的方式来完成任务，甚至无须花费那么高的会议成本。可以缩短会议时间吗？是否应该遵照你领导的意见，扩大会议的范围呢？是否有人没有必要参会，但需要被告知这个会议的内容？如何才能最大限度地用好开会的时间，使其尽可能高效？

四、框架设计。在 UX 软件中，可以设计阶段勾勒"线框"以构建你想要的低保真模型的过程。你也许会创建站点地图，并着手推进最终产品呈现的可视化工作。同样的思路也可以应用在我们的会议设计上！先列出一张陈述会议目的的议程表，并在脑海中勾勒出主要议题的讨论场景，就可能出现的冲突进行预演和准备，进而识别会议中可能拖沓的部分，并思考如何才能最好地呈现会议的重要信息，真正做到"服务会议用户"。这些内容在本章的后续篇幅会有详细阐述。

五、会议启动。这是重大节点！启动会议吧！聚焦会议本身。你注意到这仅仅是六步法则中的第五步吗？这就是保证你的会议顺利、高效和用户友好的绝妙方式。

六、总结分析。UX 设计的最后阶段就是从发布和用户反馈中总结经验。启动、测试、改进，周而复始。在会议中有一个经常被忽视，但却极为重要的因素，那就是会议的组织者通常不会花费时间去评估一个会议。这当然是有理由的，因为征求与会者的意见反馈是一项很有风险的动作——可能让你直面潜在的批评。在会后通过邮件或者 SurveyMonkey[1] 等

---

[1] 是在线问卷调查工具软件。——编者注

软件进行反馈调查，你可能会担心这样的做法是否给与会者增加了额外的工作量。但是根据我们的经验，让每个人都有机会参与会议效率分析，有助于营造一种心理安全的团队氛围。这是最有价值也是最有成效的做法之一。

接下来呢？

让我们从 UX 设计引申到会议组织，上述内容能给你带来什么启发？你是否注意到，以往的会议的第一个动作，往往是预定一个会议室，然后给你发送一份会议邀请？关于用户体验设计的一些先期设想在会议组织中似乎从来不存在。无怪乎会议总是给人带来不愉快的体验（而且在很多情况下，这一点总是被忽略）。多一些深思熟虑，我们就可以开始设计更愉悦、更高效，并且充分尊重同事的工作时间的会议。

四大原则（简称"4P 原则"）：目的、计划、规则、人员

作为会议组织者或"设计师"，如图 3-2 所示，你可以用 4P 原则来设计一场精彩的会议：目的、计划、规则和人员。这是一个很好的框架，可以帮助你提前安排好会议。哪怕是紧急会议或者临时会议，你也同样可以参考这一框架结构——4P 原则的基础架构是一个富有成效的会议起点，因为它们是会议成功的基石。弄错了其中一条，就可能导致会议冗长，或者缺少结论，或者缺乏行动，进而

浪费与会者宝贵的专注力。类似这样的教训在你的身边比比皆是。

4 目的 计划 规则 人员

图 3-2　四大原则

目的：有助于确定参会人员、发言内容以及达成会议目标的评判指标。作为会议组织者，你可以清楚地向他人传递会议的目的。这一点我们希望你在邀请他人参会的第一时间就说明清楚。会议不需要在预定时间结束。从理想状态看，会议应该在结束时间之前完成，而非之后。如果你的会议目的非常明确，那么当会议结束之后，关于会议议程的一切都会显得格外清楚明白。

计划：计划旨在指导你如何推进会议。你是否参加过不知道何时结束的会议？是否参加过不知道何时休息的会议？这种会议状态有可能导致你对工作的推进失去掌控。如果是你亲自组织的会议，无论线下还是线上会议，请务必让与会者知道会议开始和结束的时间、休息和茶歇时间，因为这有助于参会的同事在讨论的过程中合理分配和管理专注力。

规则：规则是通过提前确定，确保参会同事积极参与，帮助会议顺利推进的那些微妙的细节。会议的基本规则有哪些？可能包括本次会议的机密等级，是否可以在会议中使用手机或者笔记本，或者一次只允许一个人发言的规定等。对于那些在线召开的会议，规则可能包括如何提问，如何引起会议主持人的注意，以及如何分享各自观点等内容。

人员：保证参会的人数恰到好处。这是一个关于数量和质量的微妙平衡——不需要太多人，也不希望人数过少。让合适的人参加会议，会让一切变得与众不同；如果你没有这样的意识，那么其他的一切都是空谈。

让我们开始这一次练习吧！请好好思考，如何才能更好地应用4P原则，给你的会议锦上添花。就先从确定会议的目的开始吧！

> 开会的目的是做出决定，而不是讨论问题。
> ——比尔·盖茨

明确会议的目的

我们坚持认为，所有的会议都应该有目的陈述：可能只需要简单的一到两个句子，说清楚为什么要开会，以及开会希望达成的目标。

哪怕是组会等寻常的例行会议，每一次会议也应该有不同的会议目的。很有可能出现的情况是，这一系列会议的大目标都是一致的，但是每次讨论的内容应该有变化。不然的话每一次会议就会沦为无尽的重复。

提前说明会议的目的，这样每个人都会统一对会议的内容、会议目标的认知。

专注于会议目的，可以帮助每个人明确自己在会议中的职责，以及你希望他们参会的原因。你可以借助会议目的来引导对话，当然也可以帮助他人确定其是否需要参会。这是我们的"会议教练"培训过程中对客户的影响最大的一部分内容。一般来说，参加同一个会议的不同的人，往往对会议目的有着截然不同的看法，这就意味着，会议可能并没有那么容易达成共识。

以董事会议的目的陈述为例：

会议结束之前，董事会希望：

- ➤ 审查季度经营业绩，并确认下一阶段的投资意向。
- ➤ 审议并同意下一年度的战略计划。
- ➤ 讨论接下来开始的董事会招聘计划。
- ➤ 确定执行团队下一阶段要推进的战略事项或者机会。

以团队常规组会的目的陈述为例：

会议结束之前，团队希望：

- ➤ 讨论下周的工作和计划。
- ➤ 审查工作中遇到的问题或者瓶颈。
- ➤ 确定下个月竞选活动的重点工作。

以单次的运营会议的目的陈述为例：

会议结束之前，团队希望：

> 在核心问题的边界取得共识。
> 探讨如何解决当下面临的问题。
> 确定接下来的 1/2/3 周的工作计划，确保解决这一问题。

务必牢记

每一场会议都应该有一个目的陈述。可以以这样的形式开场："会议结束之前，我们希望能够……"请使用如下动词：

决定 / 同意
讨论
解决
学习
确认
注意到 / 收到
确定

练习：目的陈述

选择一个下周的会议，确保这个会议值得你积极调动专注力。（无论是由你亲自负责这个会议，还是你只作为与会者参会）请写下你认为的会议目的陈述。

你需要准备什么：
准备好你的笔记，并打开工作日历，查阅你即将出席的会议。

练习时长：
取决于你有多少会议！如果挑选 2 个会议的话，10～15 分钟就可以完成。

心态：
充分准备。

制订会议计划

你已经明确了会议目的,那么我们接下来关注如何计划会议。所有的计划都是会议能够实现其目的的坚固基石。

设置会议议程

会议最常用的计划工具就是议程了:写满会议议题的列表。如果没有会议议程,那么与会者要想好好准备会议就要吃力得多了。一项 2017 年的调查研究显示,在美国,大约有 63% 的会议是在缺少预先计划会议议程的情况下进行的。更多的会议缺乏目的陈述。

议程中的细节很重要。就好像市场营销人员不想带着只写着"营销"两个字的会议议程来开会。为了帮助他人决策是否应该参会,并帮助你的会议做好充分的准备,请务必提供更多的细节信息。

海莉曾经管理过一个促进和支持志愿服务的公益组织。她经常会面的一家合作组织经常把"志愿服务"添加到会议议程中去。但是这并不能帮助她做好针对性的准备工作——因为她的团队涉猎几乎所有的志愿服务领域,所以她不得不拿起电话,询问会议议程涵盖哪些具体内容。如果她不这么做,那么经常出现的一个情况就是,她无法高质量准备会议需要的各种数据。海莉的准备工作包括了解人们想要知道什么,然后通过查阅数据、理解数据,深入了解公司在这个领域的具体工作。了解其他人希望从特定的会议中实现的目的能够帮助决定这场会议是由她本人参会，还是指派团队中的其他同事参加。

我们已经在前文中解释过，关于提前为会议制定目的陈述的重要性。每一个会议的议程都应该有其目的——与会者应该做些什么准备，每一项议程会持续多长时间，以及谁作为议程的负责人。如果你是会议组织者，我们鼓励你向其他人解释清楚，你是否希望他人负责某些特定事项，或者只是单纯需要他们发表意见即可。关键在于明确会议期望，这样与会者能够充分准备。

可用的议程模板

（1）会议名称、日期、开始和结束时间

例如：

> Think Productive 2021 年会
> 4 月 21 日上午 10:10 — 10:50

（2）会议目的

简要概述会议目的，并且列出邀请参会人员。用一两个句子说明他们参会的理由。如果需要团队中的某个人比方说市场营销人员发表意见，需要在此说明，这样营销团队可以决定谁最适合参加。

例如：

就创造性思考公司年会的内容形成共识。为市场营销团队提供编写计划的关键信息。这是我们第一次年度会议，我们希望会议能够顺利推进。在会议结束之前，我们希望能够明确实现这一目标所需要推进的各项工作。

珍妮特（Janet）：我们需要你参与到如何推广此次会议的工作中来。因为这一目标主要是帮助你的团队的工作推进。所以请你本人或者团队中拥有决策权的同事出席。

西蒙（Simon）：我们希望你能够参会。因为你对我们的客户以及他们对于这次活动的期望有着出色的认知。请你务必参会，并且准备好关于议程二的见解分享。

拉杰（Raj）：会议的计划将以你对会议场地的认知作为基础。希望你能够很好地理解本次会议的行动指导，并按照周五会议上的约定，在会后与斯拉克进行信息分享。

麦克（Mike）：你表达了对此次会议的兴趣。如果你恰好有空的话，我们真诚邀请你参会。

艾鲁娜（Ilona，主席）：负责领导会议的执行交付。请明确需要参加年会的代表人数。

练习：一份明确的议程

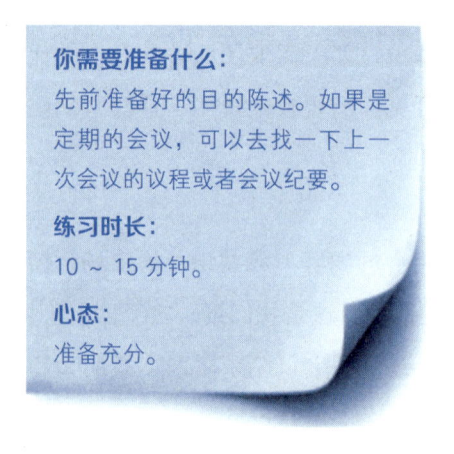

你需要准备什么：
先前准备好的目的陈述。如果是定期的会议，可以去找一下上一次会议的议程或者会议纪要。

练习时长：
10～15分钟。

心态：
准备充分。

找到实现会议目的的关键步骤。创建一个议程，帮助你实现目标。记得使用会议模板。记住，在议程制订的过程中使用句子而非短语。明确每一项议程的目的，包括你希望人们做什么，这样可以很好地帮助他们做好准备。如果某位与会者在该议程中担任的角色与其他人不同，那么还需要针对他有特定的说明。请注意：不用太担心时间分配——我们很快就会说到这一点。

表 3-1 示例

议程	目的（例如：决议，获取信息或者灵感）	需要准备什么	负责人	时长
		要求每个人都阅读会议邀请的附则。这份两页的文档主要更新了自上次会议以来的进展，包括赞助、地点和确定的发言人		
1. 欢迎致辞、介绍	确定开场白，分配计时员		艾鲁娜	3 分钟
2. 客户分析	确定此次会议的参会客户的人物肖像	与客户讨论，询问他们对于会议的需求	拉杰	15 分钟
3. 市场战略	确定市场团队需要什么样的材料，才能完成一份高质量的计划	讨论年会的目标客户群，以及此次会议满足他们的何种需求。艾鲁娜确认参会的最少和最大人数	艾玛	15 分钟
4. 会议回顾	询问是否达成了目标，是否邀请了恰当的同事参加，如何进步。所有人明确下一步工作		艾鲁娜	7 分钟

> **务必牢记**
>
> 4P原则（目的、计划、规则和人员）协助你为一次成功的会议构建框架。

会议定式

如果你大致了解需要讨论的内容，但是不清楚要按照什么顺序来处理，该怎么办呢？有时可以参考一下会议的"叙事弧"。你希望如何开始？下面我们介绍几个使用多年的简单定式。

（1）开头、中间和结尾

很多经典的小说都按照三段式来构思——开头、中间和结尾。开头一般是描绘一个场景，然后提出问题。中间是关于斗争和冲突。结尾则是解决问题。这种构思，对好莱坞编剧很有帮助，对普通的客户会议也一样有效。我们从识别问题和了解背景开始，中间则是关于想法、解决方案和实施步骤；最后是决议、行动和后续工作。

（2）鲁迪亚德·吉卜林（Rudyard Kipling）的"六个诚实的仆人"

吉卜林的著名的诗歌是这样开头的："我有六个诚实的仆人（他们教会了我一切）。"他们的名字是：是什么，为什么，何时，如何，在哪里，和谁。

伟大的会议往往提出伟大的问题。如果你正在策划一个新产品，或者想要广泛地询问一个问题，那么其中一个比较有效的结构化思考的办法就是将上面的六个要素全部提问一遍。

（3）GROW 模型

GROW 模型也被证明是梳理会议结构的有效途径。这一模型有以下四个步骤：

目标（goal）：个人或者团队希望本次会议能够形成的明确的结论。

现实（reality）：目前面临的背景、挑战和待办事项。

方法（options）：达成目标有哪些不同的方法。

前进方向（way forward）：筛选出正确的方法，并且付诸实践。

当然，还有许多方法可以借鉴。不过我们认为，预先设定一个讨论的结构，可以帮助我们集中注意力，以节约会议时间，同时也可以确保工作方向不出现偏差。

会议时间的确定

大多数人习惯将会议安排在整点开始和结束。我们可以尝试做出改变吗？与我们合作过的一个团队决定，会议的开始时间必须设定在每个整点过 10 分钟之后，结束时间必须设定在整点前 10 分钟之前。这样一来，人们可以趁着从一个会议转移到另外一个会议的空档期里，去回味之前会议的内容；也许还有时间喝一杯咖啡，或者上个厕所。这也意味着开会时间缩短了。

如何对待那些开会迟到的人？

你收到了一份会议议程，上面也写明了会议的开始时间。但是你迟到了，会议已经开始了——而你是最后一个到场的。如果你和我们的工作风格相似，这种情况可能让你感觉到懊恼。赶紧溜进会议室，尽快跟上会议的节奏吧。

下一次你参会的时候还会发生这样的场景吗？你知道会议准时开始的重要性，所以需要付出格外的努力以确保准时来到会场。如果公司有着开会延期的习惯，那么会议开始的时间就注定会一再拖延。

对于线上召开的会议，请永远提前至少 5 分钟登录；如果你是会议的创建者，那么这个时间还需要进一步提前。这样可以有效避免慌乱，因为你很有可能会遇到譬如会议工具需要安装更新，或者麦克风无法正常工作等突发情况。请参会的所有同事提前登录几分钟，并事先说明一旦所有人都提前上线，会议立即开始。

两分钟行动

对于大多数人而言，结束会议，回到办公室之后一般会做什么？也许会拖延一会儿，比如检查一下电子邮件，或者泡一杯茶。同事看到你回到工位上，一般会询问有没有收到他们刚发送出去的邮件。这场景是不是听上去非常熟悉？

要是我们在会议结束之前额外增加 10 分钟时间，让与会者可以完成所有的"两分钟行动",你觉得这个主意怎么样?大卫·艾伦(David Allen)在他的著作《把事情做完》(Getting Things Done)里也提过这样的建议,那些需要两分钟完成的事情不应该出现在你的待办事项清单里面,而应该马上完成。在议程中设置专门的时间,让他们完成那些两分钟行动,或者去组织更大的任务(对于那些熟悉"高效忍者"工作模式的人来说,这是CORD模型[①]的前两个步骤),也许意味着能够完成更多的工作,因为人们在离开会议室的那一刻开始就可以开始他们的重要工作。这需要一定的工具支持,确保能够快速通话或者发送邮件。这也意味着你需要考虑如何在会议期间管理好相关设备,因为你必须为它们能够进入会议室提供许可。

额外的10分钟时间同样能够为与会者提供一点隐蔽和伪装——给他们一点做工作的空间(至少为后续的工作做好准备)而保证没人干扰。如果是线上会议,你可以建议他们保持登录状态,以留出这宝贵的10分钟。

闲聊时间

你有没有遇到过这样一种情况,你花费了很多力气,确保自己能够准时出席某个会议,却发现每个人都在讨论周末,讨论孩子,讨论前一天晚上看的美好或糟糕的电影,

---

① CORD 模型是一套提高效率、缓解压力的工作模式。——编者注

以及其他与会议没有关联的零碎琐事？

对于一些人来说，会议是与同事举行社交聚会，建立融洽关系，并且增进彼此了解的好机会。而对其他人来说，他们只是想继续开会，因为这是一个忙碌的工作日。

如果会议的组织者发送这样一份邮件，你觉得会不会好一些：

格雷厄姆，你好！

本周五有财务会议，会议室预定在下午2点。

会上准备了茶、咖啡和小零食。如果有人想过来转转，请在下午2点加入。我们的第一项议程开始于2点22分。如果你只想参加商务部分的讨论的话，请于上述时间参会。（附上议程和会议目的陈述）

祝好！

海莉

这样与会者就能自由选择参会时间了。

亚马逊的贝索斯分享过他的会议心得。在会议开始之前，他要求提供给所有参会者一份六页的备忘录，说明会议背景信息和本次会议重点讨论的主题。在会议开始前，专门预留出时间让每个人去阅读这份备忘录。他当时是这样说的："如果我们不这么做，那些高管就会像高中生一样，总是试图在会议中蒙混过关。"

要求所有人一起做这样的事情可能不太合适，理由有很多。每个人的阅读时间不同，这可能会使好些人手足无措，也有人根本没有这样的闲暇时间。所以另外一个办法就是在会议开始之前为参会者提供简洁扼要的关键信息，确保他们能够根据自己的工作节奏去做好准备。这一点很像上文提到的专门为社交目的留足时间的做法。你可以让参会者自由选择，或在会议开始之前做好准备，或是在会议开始后着手准备，并迟些时候来到会场。

练习：设定时间

为每一项会议议程分配时间。认真思考会议最佳的开始和结束时间。包括任何你觉得有必要设置的准备、登录或有用的社交时间。

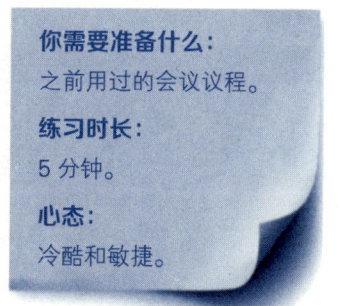

你需要准备什么：
之前用过的会议议程。

练习时长：
5 分钟。

心态：
冷酷和敏捷。

问题出在哪里？

苏珊·凯恩（Susan Cain）（一位研究内向性格的心理学专家）告诉我们，大约有一半的人是天生内向，他们更倾向于在会议之外努力。基于这样的论断，我们需要在会前提供更多关于会上希望解决的问题的信息——你希望克服的关键问题——这样能够帮助每个人理解问题，并且在会议开始之前认真思考。这些信息与目的陈述、议程等都不一样。

例如，一份目的陈述可能是这样的：我们将就如何完善内部沟通机制做出决定。会议的议程也许会包括处理这一事项的详细的工作分解，比如头脑风暴，客观评估，随后会安排探索或试验某些想法，并讨论如何判定成功。这一份会议目的陈述缺乏明确的问题指向，包括它是如何产生的，谁想要改进，为什么要改进。这些关键要素可以在会议开始之前，通过幻灯片演示并罗列梳理。当然你也可以用视频、音频等手段对问题记录进行简要概述。在会议之前做好分享；这样一来与会者可以提前思考这个问题，以更充分地寻找解决之道。

> **务必牢记**
>
> 请在会议开始之前提供尽可能多的信息，这样可以省下不少资料更新的时间，转而去发挥创造力。

AOB 时间

"AOB"原本指代"还有什么补充事项"，是英国组织经常使用的一种结束会议的方法。在 AOB 时间里，与会者可以提出他们认为没有在会议中说明清楚，但是却和议题密切相关的问题。

在考虑要将哪些内容放进会议议程之前，请认真思考一点：AOB 事项是敌是友。我们认为，与会者对于 AOB 事项往往有两种反应。第一种：太好了，会议马上就要结束了。第二种：太好了，终于有机会提出我认为应该列进议程里的事情了。

我们曾参加过完全不需要 AOB 时间的董事会议。在会议的几周以前，我们就收到了电子邮件，提醒与会者关于会议的所有信息，并询问是否有议程需要添加。这就意味着会议将准时召开，每个人的意见都会被采纳。当然这里可能会有意外情况——出现了一些临时需要讨论的紧急事项。如果是这样的情况，那么这些临时议题会在会议开始之前被添加到议程中去。这样一来，就可以花费更少时间去充分讨论并形成统一意见。

另一种选择，就是在会议开始之前，将 AOB 时间替换为某项特定议程，比如"事项更新"或者"新出现的情况"——由于会议通知下达之后情况发生了变化，因此与会者需要对某些情况的了解进行更新。这一安排必须与会议目的密切相关。

留好余地

在计划议程或者主持会议的时候，留出一定的回旋余地会帮上你的大忙。但是请注意好平衡。因为太多的余地会让你的会议拖沓不堪，耗费他人的专注力。如果没有足够的回旋余地，那么你可能面临失去探索原本没有预料到的情况的机会，或是可能失去了能够进一步深入思考的时间。从广泛经验上来说，如果会议时间确定为 45 分钟，可以留出大约 7 分钟的时间作为回旋余地。

如果在某些议程上花费的时间比计划要少，那么尝试

"扩充"下一个议程,"把时间拖回正轨"听上去是个不错的主意。当然了,如果你提前完成了所有议程,也可以提前结束会议,并将节省下来的时间作为一份礼物反馈给所有在场的人员。如果你每次都能这样做,我们相信你和你的会议组织一定广受好评。

提前预测

有时候,你会预知会议的症结。在会议开始之前,请先准备好克服可能出现的会议症结的方法策略。爱德华·德博诺的六项思考帽工具可以派上用场(参见本书第161页)。当然也可能出现完全出人意料的会议症结点。

就会议中可能出现的冲突,我们曾与法瑞尔(一位协调专家)进行讨论,使用的是我们的工作坊中遇到的一个例子。在一个大约十四个人的工作小组中,有两个人就如何改变电子邮件使用方式的话题存在分歧。工作坊迅速成为他们表达意见的平台。坐在两个人中间的某个人抱怨道(此时那两个人还在发表意见):"他俩总是这样,每一次会议都这样!"法瑞尔指出,在这样的情况下,讨论的主题根本就不重要了——他们单纯是为了反对对方。他建议,如果这种情况可以被提前预知,那么是否可以请他们在会前讨论这个话题,并分享他们的焦虑,这样一来其他同事就不需要遭遇这样的场景了。从长远看,这样的调解是有益处的。我们鼓励健康的辩论,但是牵扯到个人的意见分歧的会议就纯属浪费时间了。

安排会议的走向

会议之前是否有非正式沟通？尤其是对于董事会议或者团队会议来说，提前做好沟通，充分了解他人的观点并提出自己的想法，同时鼓励一些更具批判性的思考，这一系列动作都是很有必要的。

你对会议的计划安排需要包括这样一部分内容，即你的观点和想法如何和他人相适应。请认真思考，支持你和反对你的意见会来自哪里，并将处理这些反对意见作为会前准备的重要部分。如何构建思路，如何形成成果，以更好地吸引他人。一旦会议开始，请认真听取他人的想法，并随时根据讨论进度调整个人的观点，这也是很重要的。总而言之，请提前准备好自己的观点和论据。

一心多用

当一心多用的时候，你是否犯过错误呢？我们都有类似的经验。格雷厄姆曾担任过一家小型慈善机构的首席执行官。有一次他组织了一场持续了一整天的董事会议，并打算在会议结束之后直接去机场与女友共度假期。他全神贯注于董事局会议并把会议安排得很好，确保留出了足够的时间赶到希斯罗机场。但是问题在于，他预定的航班实际上是从盖特威克机场起飞的，两个机场之间有一个小时左右的车程。这可真是个巨大的失误。这样的经验教训告诉我们，一心二用，哪怕是处理最简单的事情，都有可能犯错。

在这个快节奏的时代，我们总是被要求同时跟进不止一件事情。这一现象在我们的统计数据中有着很直观的体现。在会议中大约有92%的人在同时处理多项工作，这意味着几乎每个人都会在会议中花费时间去做其他什么事情。但是实际上，只有不到2%的人有能力同时高效地推进多项任务。我们希望人们能够按照我们的会议模式来执行工作，这样就不需要分心多用了。

在会议之前需要做些什么，来避免一心二用：

➤ 不要在会议时间向他人传达信息。把这个环节前置到会议之前。这些重要信息可以通过书面形式传达；如果你更倾向于口头表达的话，可以在摄像机前演示，并将其作为语音备忘录发送。如果你有数据或者图像共享的需求，可以使用比如 Screencast[①]等工具进行图像记录和音频输入。

➤ 当你安排议程和时间计划的时候，请把节奏安排得尽量快一些，促使与会者高度集中注意力。

➤ 在你的会议邀请中，明确提出希望与会者在会议期间承担的工作。

➤ 如果你很清楚某些与会者有着做白日梦或者同步推

---

① 一款截屏、录屏的手机应用程序。——编者注

进别的工作的习惯,给他们安排一个会议角色。
> 对于线上会议,请提前要求所有与会者必须打开摄像头。

位置

会议室的选择和布置能够很好地表达你对会议的重视度,体现你对于与会者的充分考量。作为一家慈善机构的首席执行官,海莉每年都要举行股东大会,每次股东大会的参会人员都不尽相同。股东大会素来是乏善可陈的,参会者往往没有多少兴趣。不过,这一年的股东大会选择在大英博物馆召开,并吸引了远高于往年的参会人数。人们总是对会议场地感兴趣:这给人一种受重视、有趣且不同寻常的感觉。

有时候,异地开会有着意想不到的效果。我们最近收到的关于其中一门课程的反馈信息显示,如果我们的客户没有在习惯的办公空间开会,那么他们更容易集中注意力,会议的思路也会更加清晰。偶尔让人们远离他们习惯的办公环境,可以帮助他们以不同的方式思考。有哪些地方是可以去的?如何调整那些给你不一样感觉的空间?应该怎么才能让人们感觉到更加舒服?

熟悉的老地方

我们并不都在大英博物馆开会。想想公司里的会议室。如何才能利用好这些空间,向人们展示它们的重要性？很多读者所在的公司可能拥有漂亮豪华的会议室，座椅柔软舒服，休息区放置着沙发，可能还有定制的白板墙和豆袋。但是也有这样的可能，供你使用的空间并没有那么吸引人；但你仍可通过一些小改动，让参会人感受到被重视。提供茶歇、重新布置房间或者在与会者到来的时候表达欢迎，这些都是体现你对待会议和与会者态度的重要方式。

> **务必牢记**
>
> 如果你需要讨论的内容是与会者极为关心的，那么关于会议空间是否准备充分这个问题就显得没有那么重要了。

在线空间

我们可以思考一下，如果会议空间是虚拟的，应该如何向与会者展示会议空间的重要性呢？首先，让新参会的同事感受到一种受欢迎的氛围，对于任何会议来说都很重要。在虚拟会议中，你可以确保任何新加入会议的人都知道如何使用虚拟会议来协助完成合作。

根据 Doodle 公司的会议状况报告，大约 76% 的参会者更青睐面对面的现场会议，因为这样能更好地营造社交氛围，并且轻松读懂对方的肢体语言。所以，尽可能地让你的线上会议与面对面会议相似，这样做可以显著提高你的会议质量。从某种程度看，要求每个人打开摄像头就可以了。另外，线上会议的周边环境也很重要，好的会场环境会让你感到舒适，并产生一种做好充足准备的感觉；但是需要注意，确保会场环境不会分散其他参会者的注意力。

> 会议环境应该布置成"你很重要"的样子。
> ——南希·柯丽恩（Nancy Kline）

就算你本人没有出现在会议室，依然可以向参会者表达出席这次会议的重要性。在其关于虚拟领导力的书中，潘妮·普兰（Penny Pullan）建议为每一位参会者准备一个小礼物，比如一个茶包或者一块饼干。礼物不需要很大，或者很贵重。这只是表明，参会者的到来对本次会议来说很关键，而你充分考虑了他们。

小事就是大事

英国的"高效忍者"每六个月都会会面一次，每次都会打印好会议议程安排，以及与会议相关的其他内容。哪怕我们彼此之间已经非常熟悉了，每次开会都能够发现特意为我们准备的礼物或者惊喜——当然还有我们各自偏爱口味的茶包。有一次，格雷厄姆由于一些不可抗力因素迟到了。当他来到会议室的时候，我们虽然已经提前开始了会议，但是他的座位上已经泡好了茶——一个简单的举动却充满着关怀，表明他受到所有人的重视。

好好回想你的会议室，思考应该如何布置会议室，以体现"你很重要"。至少应该为每一位参会者提供一杯水，虽然你可能会惊讶，这么简单的准备并非每一场会议都有。如果你的会议是在外面举行的，这些安排需要提前准备好。这一点尤其重要。（在本章最后列出的清单会有帮助）

如果你的会议是线上举行的，同样也不可以忽略那些微小的细节。如果你有在小型会议中分发奖品或礼物的习惯，那么请提前交到参会者的手上。这样他们就可以在会议期间（或者在其中一个休息时间里）打开礼物。

奥秘在于座椅的摆放

这听上去很基础，但是检查会议室的布局确实很重要，尤其是经常使用的会议室。请站在一个纯新人的角度去审视会议空间——看上去是否吸引人？你可以再做些什么，才能让它们看上去更受欢迎？更能激发创造性思维？或者仅仅能更好地消磨时光？

剧院式的布局往往给人以娱乐化的，或者授课式的心理暗示。这种布局并不鼓励合作或者大胆发言。如果是几张桌子，边上环绕摆放一圈椅子，那么与会者将更投入，并进行非正式讨论。

对于某些会议，尤其是有涉及情感内容的会议，步行交谈的方式可能更好。话题内容是关于某些实操界面的工作的话，可以选择并排坐，而不是面对面地交流，这样可以有效地减少谈话的难度。开会的时候要注意留心周边的环境——尤其是需要保密空间的会议，请不要选择干扰性比较大的会议场地。

练习：常用的会议室 = 常见的会议结论？

假设自己第一次来到会议室，去环顾四周。问自己几个问题：

- 新加入团队的成员会如何看待这个会议室？这个会议室会给人一种受欢迎的感觉吗？
- 哪些地方看上去不欢迎人？可以做出改变吗？

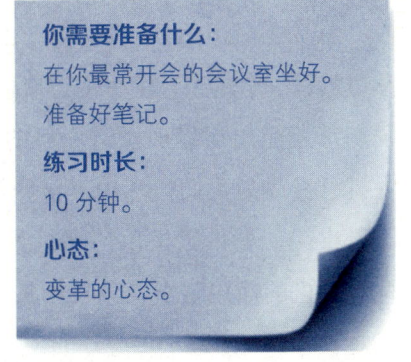

你需要准备什么：
在你最常开会的会议室坐好。准备好笔记。

练习时长：
10 分钟。

心态：
变革的心态。

接着问自己：

- 在这个会议室，应该做些什么，让人感觉到你很重视对方，也很重视对方的到来？
- 这个会议室还需要怎么样的改造提升？如何改变它的用途？

制定会议规则

"规则"管理会议运行的一些更为实际的方面。它确保每个人都对共同参加会议的这一段时间里如何高效工作有着相同的理解，同时也能帮助管理会议期望。诸如会议期间如何使用设备、如何以及何时休息、计时员和记录员等角色分配等都应该有明确的规则。对于在线会议来说，规则显得更有必要。

放下手机

移动手机虽然才问世没多长时间，却已经悄然蔓延到身边的每一个场景；手机的过度使用很少受到他人的质疑。我们都还能想起以前没有手机的日子，但是不得不承认，手机已经成为我们生活中不可分割的一部分——没有鞋子可以出门，不带手机出门那是万万不能的。在会议当中，针对手机的使用定下几条规则是再好不过的了。我们并不是要求每个人都是"卢德分子"[1]，也不是要给"孩子"们立规矩。我们只希望每个人都能尊重他人的付出，并且集中注意力，提高我们的会议效率。

在我们创办的工作坊中，经常会与客户谈论如何在面对面会议中减少手机的使用这一话题。而他们的反应往往是十分抵触的。想象一下，如果我们告诉你，接下来的两小时需要你把手机放在另外一个房间——哪怕只是读到这句话，你都会感觉到无比强烈的抗拒。这里有几个原因。首先，我们要求人们改变惯有的行为，没有人会喜欢这样做。其次，在这个请求中有一个假设，那就是手机放在身边会干扰会议，并且导致他们参会的集中力下降（没

---

[1] 担心机器生产会导致人工失业的人，即反机械化、反自动化。——译者注

有人喜欢被指责，尤其是指责的事情还没有发生！）。此外还有开会拿手机的正当理由，比如他们正在用手机记笔记。

就算你带着手机参会的出发点是好的，也不能改变手机巨大的成瘾性。当我们听到手机的提示音，或者收到一封邮件，或是看到应用程序上出现的小红点时，我们的大脑都会分泌多巴胺。多巴胺是大脑的催化剂，具有重要的进化作用，但也不可避免地导致我们在开会时分心。因此作为会议主席或组织者，在会议开始前（或开始的时候）就断开会议与手机的联系，是我们可以付诸行动的一件重要的事情——当然这样做也会面临风险，尤其是对于会议不是很热衷，或参会状态很消极的那些人。

六条确保会议无手机的建议：

➢ 手机盒子。在会议室里放一个鞋盒大小的盒子，请所有人把手机放进去，直到会议结束或者中场休息时取出。仅仅这一行为，就能够引发关于各种会议行为是否合适的大讨论。

➢ 种树游戏。每个与会者都下载一个种树应用程序，一起在现实世界植树。这个软件是如何运作的呢？需要设置一个计时器，提前圈出不使用手机的时间段。设定好时间之后，小树开始生长。一旦你在计时器结束之前使用手机，这棵树就会死去。种出一定数量的树木之后就会获得一枚硬币。软件开发商会使用硬币去向种植树木的慈善机构捐款。
- 增强意识。从科学角度向人们解释为什么不应该沉迷手机。然后在开会期间给他们提供一个手机收纳盒。
- 提供奖励。对于那些愿意把手机放进收纳盒的人，奖励他们巧克力或者饼干。
- 改变环境。把会场搬到室外，或者选择站着而非坐着开会。只需要对与会者习以为常的会议习惯做出一点点改变，就足够让他们改变开会使用手机的习惯了。
- 对于线上会议，你可以要求所有人把手机放到另外一个房间的抽屉。当然了，如果你是用手机举行的线上会议，请务必确保关掉了所有可能出现在屏幕上的消息提示。

对于那些想要用手机记笔记的人，请说服他们同意把手机的 Wi-Fi 关闭。另外一种办法是把他们的手机连接到共享屏幕或者投影仪，这样每个人都可以看到他们输入的笔记了。

练习：规则设定

请思考，你的会议里已经有了怎么样的规则？请把你觉得最有用的规则给写下来。

你觉得还可以提出什么样的规则,来帮助提升会议的参与度,并且管理会议的期望值?

你需要准备什么:
记笔记的准备。

练习时长:
20 分钟。

心态:
做好准备。

虚拟会议的规则

对于线上会议,我们需要考虑更多的规则。会议经常会出现点什么意外——生活往往如此,在对意外的出现深表理解的前提下,我们希望能够以一种人性化的方式来管理我们的线上会议。通过会前的准备,你可以在讨论开始之前就向与会者说明可能出现的问题,让他们知道如果遇到什么技术问题的话应该如何解决。例如,在创造性思考公司的线上会议期间,总部办公室是有专人负责处理突发情况的。这样就可以保证与会者能够专注于会议的议程。

核心还是"人"

你是否有过这样的经历:受邀参加某个会议,听你可爱的同事或者客户介绍某个重要的事项,但是脑子里一直在思考自己为什么要来参会?这种情况在我们每个人身上都有发生过。现在你可以锻炼冷酷无情的心态了,我们希望这样做能够让上述现象出现得更少一些。

如果你正准备召开会议,请说清楚每一位同事被邀请参会的理由，并确保他们有着清晰的认知。想象一下，如果你收到一份会议邀请，其中说明了邀请你参会的原因，并强调你是公司里唯一一个因为上述原因而收到会议邀请的人；这说明你对公司的贡献是独特的。他们会很尊重你的意见，对你在会上的表现也有很清晰的期待。

下面两个会议邀请，你更倾向于参加哪一个呢？当然不要忘记，其实你可以两个都拒绝。

你好，简：

周一有一个会议，是关于为我们的业务做培训的。请你务必参会。

祝好！

克里斯

你好，简：

我正在召集之前合作过的一些组织，并探索如何能够在员工培训层面实现更为紧密的合作关系。当下我比较感兴趣的一点是，如何在我们的组织中聚集资源和专业知识。这样做是否可以节约资金，并且把员工的技术水平提高到更高的层面。

上周的社交活动中和你有过一次很棒的交流。你也提到有兴趣为你的团队获得一些关于会议文化培训的指导。也许通过合作收集资源，可以有效地解决这一问题。

我把这次会议的议程发给了你，上面写明了我认为可以帮助实现目标的内容。请在员工培训的优先事项方面提出一些想法,并在会议中做出分享。我会请会议上的每个人就此议题做出分享的。

真心希望你能够参加这次会议。

祝好!

克里斯

角色分配

在会议中分配角色被证明是一个很有用的手段。最重要的就是明确会议的"主席",这一会议角色的主要职责是确保会议讨论处于正确的方向。担任主席这一职责需要许多的技能(这一点我们后续会展开讲解),但是指望主席能够涵盖会议的所有角色是不现实的。委派其他人担任某一职责,或者请求他人帮助,并不应该被视为是示弱。相反,我们认为这是胜任会议主席的一项必要技能,因为这一角色定位过于复杂。根据会议的规模和会议范围,还有许多角色也是极有必要设置的。

计时员:格雷厄姆开会的计时观念不算出色(当然了,谢天谢地——这一点对于很多人来说难以置信——要比他着手撰写这一系列关于高效工作的书稿之前好多了)。作为会议的主席,格雷厄姆需要在计时员的帮助下,做出类似5分钟提醒或者"时间检查"等动作。这样做有几个好处。首先,这有助于让格雷厄姆放宽心。哪怕他不时沉浸在观察会议室或者深陷于某一项议题的讨论之中,也不会因此而耽误整场会议;其次,与会者会觉得会议主席很乐意听完他们所有的报告和论述,只不过是在"计时员"的阻止下才结束的。这是一种典型的"唱红脸/唱白脸"的战术。

会议记录员:对于正式会议,特别是涉及合规性的管理调整或者决策记录,你很有必要安排专人做会议记录。记录可以是很简单的讨论摘要的记录,也可以包括详细的个人观点的论述。一个比较好的做法是会后把会议记录发给所有的参会者,让他们有机会确认自己的观点是否被准确反映在记录上了。

主持人:会议主持人是经常被忽略的角色。如果你正在主持一个会议,并且希望尽可能地把注意力集中在会议实质内容上,那么指定一位会议主持人是一个好主意。主持人负责把控会议空间,让每个人都感到舒适。主持人负责在人们到达会议室的时候表示欢迎,帮他们整理外套,准备饮品,指引卫生间的位置,或者提前准备好点心。这一角色是保证与会者与会议主席一样"万事俱备",能够全身心地投入会议议程当中。

会议参与人越多越好吗?

邀请很多人参会,你当然可以收获许多的想法、问题、意见以及个性——但是不容易达成富有成效的共识。如果邀请参会的人数不够多,或者董事会会议的人数没有达到最小参会人数,或者组会没有邀请整个团队,会让人产生一种被孤立的感觉。所以关键在于合理地确定参会人数。

如果你不清楚谁需要参会，为什么需要邀请他来参会，那么这次会议你很有可能邀请了过多的人，因为你总是担心遗漏某些人。我们也很清楚，会议的规模越大，每个人高效参会的概率就会越小，会议组织的成本也会越高。但你是否知道，随着会议人数的增加，"沟通渠道"的规模会以指数级的增长幅度发展？

如果只有两个人开会，那么有且仅有一个沟通渠道。这也就意味着两个人可以专注于正确的事情，同时彼此监督对方。

如果会议有三个人，那么事情开始变得有点复杂。会场上一共有三个沟通渠道，其中的每个人都需要思考与其他两个人相关的工作内容和想法。按照这个规律继续演进，我们发现沟通渠道会呈指数级增长。事实上我们可以用下面这个公式来计算沟通渠道的数量：

$$N(N-1)/2 \quad (N指参会人数)$$

通过这个公式我们可以知道，4个人的会议应该有（4×3÷2），也就是6个沟通渠道。会议人数越多，沟通渠道越多。每个人都需要去思考如何关联另外3人的工作和思路。

如果5个人参会，那么（5×4÷2）就有10个不同的沟通渠道。根据推演我们可以知道：

表 3-2 人数与沟通渠道数量

参会人数	沟通渠道数量
3	3
4	6
5	10
6	15
7	21
8	28
10	45
15	105
20	190

实际上,如果会议室里有20个人,并非每个人都会关心(或者需要关心)其余19个人的情况,但是从名字和会议角色中去发掘一些线索,倾听他人的想法并与自己的观点对照等举动,同样需要占据你思考和工作的精力(不管其是否相关)。这就是多人会议需要付出的必要成本。

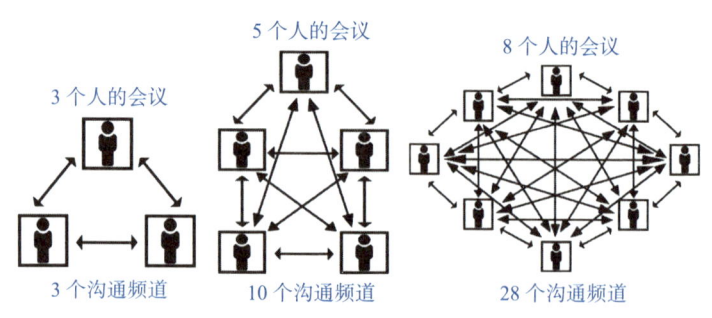

3个人的会议 — 3个沟通频道
5个人的会议 — 10个沟通频道
8个人的会议 — 28个沟通频道

图 3-3 会议人数与沟通渠道

所以，每一次你坐在办公桌前，试图在会议邀请名单中添加更多名字的时候，请适时回想一下沟通渠道太多可能对会议产生的负面影响。有很大可能性，这一指数级增长的会议成本要比邀请第 7 个人参会带来的额外收益要高。所以请在任何时候都不要忘记"冷酷无情"的行动原则。

正确的参会者

始终保持参会人数精简，并邀请最恰当的人来参会，这涉及一种微妙的平衡。马修·萨伊德（Matthew Syed）在《叛逆思想》(*Rebel Ideas*)一书中提到关于会议需要多样化的与会者的原因。他举了很多有意思的例子，特别是许多因为会议室里缺乏思想和经验的多样性而导致混乱的例子。邀请有着不同背景、经历和想法的人参会，能够创造出更好的会议结果。

最近我们接洽了一位潜在客户，他很热衷于修复他们公司的会议文化。通过深入沟通，我们了解到，这家公司的会议数量庞大，且很多会议都没有邀请到关键的参会人员。我们询问其中的原因，他给了我们一份关于不参加会议的绝妙的请假原因的清单。我们继续深入探索这些人是否被询问过真实的拒绝参会的原因，答案是没有。我们做了一个假设，如果关键人物需要参会但是没能参会，那么是时候与其进行一次开诚布公的谈话，更好聆听一下他的真实想法。我们可以这样问："我需要做什么才能让你参会？"或者"我们需要你的意见，我们怎样做才能让你提供呢？"等问题，这会是一个不错的开场。

是否要换"会议主席"？

很多时候，许多会议出了错，或者带给人一种浪费时间的感觉，很大一部分原因是会议主席的人选并不合适。会议一般都是由召集人主持，而并不挑选那些有着合适技能的专业人才。你是否参加过那些会议主席完全不胜任，不按照计划推进的会议？或是作为主席却在某个议题下发表过于冗长的想法的时刻？

如果你是确定需要召开会议的那个人，请同步确认自己是不是会议主席的最佳人选。你问自己的第一个问题就是："我的角色是分享信息还是参与讨论？"你如果是分享信息，或者提醒同事注意到某个问题，然后一起去解决它，那么你可能是担任会议主席的很好选择。相反，如果你对议题有很多见解需要发表，并且想要积极参与到解决问题中，那么你可以邀请他人担任会议主席。

"交出钥匙"：格雷厄姆曾经邀请过外部专家，来协助引领会议的讨论方向，这样一来他可以抽出时间来安排他的团队度假。他会事先介绍协调人的情况，并确认他们接任的时间。这就是所谓的"交出钥匙"。"这辆车"依然是格雷厄姆的，但是由外部专家负责临时开车。这样格雷厄姆就可以放手去做两件事情：第一就是参与会议讨论；第二就是充分观察他的团队对于讨论议题的反应。他不太可能一次性就把这些事情给做完，只是尽可能地去做好这些事情。让其他人代替他担任会议主席的角色，而他就可以去担任别的会议角色了。一天结束之时，协调员会把"钥匙"交还给格雷厄姆。

巧妙邀请： 如果你不打算担任会议的主席，可以向谁求助呢？有时候，邀请外部协调员来负责是合适的。当人们在制定新的策略或者学习新技能的时候，这种现象也相当常见。作为"高效忍者"，我们也经常被邀请担任这样的协调工作。如果你打算在团队内部寻找这样一个人，那么应该是团队中最善于倾听他人，最善于协调的那个人。你可以向他解释，为什么让他人来主持会议是一个不错的主意；当然你也可以答应对方，在某些情况下你也愿意担任对方会议的协调员，以示回报。

练习：角色设定

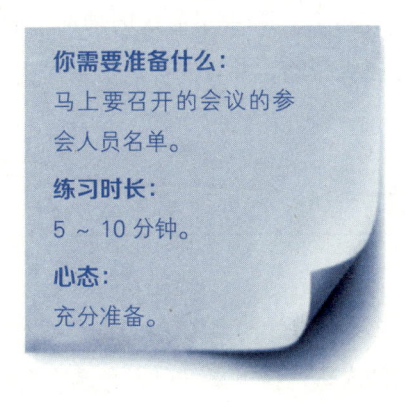

你需要准备什么：
马上要召开的会议的参会人员名单。

练习时长：
5 ~ 10 分钟。

心态：
充分准备。

请思考担任下列角色所需要的特殊技能：

角色	胜任该角色所需要的特殊技能
主席	
计时员	
记录员	
主持人	

如果这是你的会议，你可以分配角色。在你的团队或者社交网络中有哪些人可以提供帮助？（你要更多地考虑到他们的天生的优势和热情，而不是仅仅去思考"谁是我的直接下属"）请事先与对方讨论，希望他们做什么，以及为什么这么做。

如果这不是你的会议，那你是否愿意担任会议的某一角色，以更好地推动工作？这说明你很重视会议主席的角色，并希望能够帮助他们集中注意力。如果你觉得这样做不合适，那么你可以好好观察会议的动向，思考下一次可以为哪个角色提供帮助，并且向会议负责人提出建议。

会议清单

既然你已经设计好了会议，有目的、有计划、有规则，还有合适参会的人选。接下来可以思考最恰当的会议形式。

下面是我们的会议形式菜单。你可以按照你认为最恰当的方式把它们混合起来——对于某些会议，你会选择一道开胃菜，然后安排主菜或甜点；而对于另外的一些会议来说，也许用其中一种会议方式就足够了；不过当你有许多内容需要推进的时候，我们建议你在议程的不同阶段使用不同的方法。

会议清单

"大肆破坏"讨论会

会议目的：

> 改变团队文化/习惯。
> 识别成功的障碍。
> 改善工作实践。

珍惜把整个团队或者业务线聚集在一起的场合，这是审视战略并解决短期挑战的绝妙机会。对于那些永远都不可能被列进议程的内容，又该如何处理呢？"大肆破坏"可能是一种非常有效的方式，利用你的会议时间来审查团队的文化和工作环境。这是上文提到过的 BrewDog 公司的一种惯用的方式。

正如我们之前提到过的，在创造性思考公司，我们会使用闲余时间来举行"大肆破坏"讨论会。每个人都可以在便利贴上写下任何内容。完全不用担心会设置什么主题或者其他限制，会议唯一的要求就是鼓励团队畅所欲言，对公司之前做过的，或者讨论决策过的任何事项发表自己的看法。不要求大家站在公司的角度去看待问题，也不需要心存任何与个人相关的顾虑。我们这些会议主持人也不知道这些便利贴是谁写的，但是我们都曾认真讨论过这些话题，并思考：

> ➢ 这样的做法真的有效果吗？
> ➢ 怎么样做才能使效果更好？
> ➢ 我们应该废弃这一做法吗？

这种会议形式真的是太棒了！基于会议成果，我们取消了很多惯常的做法，如总部办公室的年假权利。公司取消了很多会议，同时开始着手邀请一些人更为深入地去研究一些事项。这种会议的效果非常强大。从没有人指责或者质疑过这种"万事皆可讨论"的做法的必要性，更重要的，是这种讨论的反馈速度很快。我们的总部办公室定期展开这样的讨论。它能够保持一种敏捷的团队文化，允许别人问"为什么"，并指引我们找到更好的做事方式。

如果你也有计划召开"大肆破坏"的会议，那么你可以思考一下要讨论什么内容。可以试试，然后看看事态如何发展。也可以思考一下应该邀请哪些人，来做出决定或者采取行动。

日常会议

会议目的：
➢ 保持团队活力，并且实现互相支持。
➢ 减少对更长时间的团队会议的依赖。

这种会议的理念是每天安排一小段时间的聚会，以减少长时间会议；通过推动同事之间的互相检查，去了解同事的工作进度以及所需要的支持。对于处于快节奏、响应式工作环境的团队来说，这种会议模式是十分理想的。它可以发生在每一天的同一时间，只需要找个 10 分钟时间，站在一起交流沟通即可。这种会议虽然每天都会召开，但却有助于明确陈述目的，也方便讨论问题。我们发现，把目的陈述和疑问添加到每个人的共享日历，是召开每日聚会最方便的做法（如果会议主席生病或者外出，那么你也可以快速找到人代替）。

案例研究：创造性思考公司

在创造性思考公司的英国总部办公室，日常会议往往包括以下五个问题：

1. 今天怎么样？有什么好消息吗？

2. 各项数据怎么样？（我们简要总结了关键的几个销售数据，这样团队每天都有核心关注点）

3. 今天你遇到了哪只"青蛙"？（青蛙指代的是一直推迟

去做的事情，来自马克·吐温的名言："如果你的工作是吃一只青蛙，那么最好早上起来首先就安排去吃。如果你的工作是吃两只青蛙，那么请先吃最大的那只。"）

4. 有没有什么难点？（我们的意思是，有没有哪个环节给你一种难以推动的感觉，需要他人帮助？）

5. 明早的聚会应该没有问题吧？可以参会吧？

有些团队成员到现场出席会议，而其他人会选择以电话接入的方式参与讨论。会议时间安排在每天的 9:30，这是为了避免一些突发事件的干扰。我们会要求公司的忍者们（这是我们对创造性思考公司里的培训师的称呼）不要在 9:30—9:40 这个时间段打电话到总部办公室，除非有十分紧急的状况。

在提问交流环节之后，视情况还会有一个"困境讨论"，集中讨论那些需要团队思考和帮助的"困境者"。那些不需要参与的人可以去忙自己的事情了，因为有能力提供帮助的人完全可以胜任这些工作。

越来越多的人反馈，按照这种方式推行每日聚会，聚焦于工作目标和长期战略的客户都有不小的收获。其中一位客户一周举行三次"每日聚会"：每周一分享优先事项，每周三更新这些优先事项的进展情况，每周五庆祝工作完成。如果你是以这样一种方式分享工作和进展，想象一下，你和团队里的同事的专注力会产生多大的改变？

鼓励与你一起工作的人每日聚会。如果他们对此有所抵触，那么请坚持一个月，再看看他们的观点是否有所改变。请考虑一下，这种会议形式可以取代其他常规会议形式吗？

线上会议和亲自到场开会的效果是相同的，所以请不要因为团队成员分散就推迟了会议的召开。

静默会议

会议目的：

➢ 让每个人都能自由发表观点，不受个人因素制约。

➢ 可以在讨论开始之前就完成思考，这样就能保证有高质量思考的时间了。

所谓静默会议，就是指人们使用共享文档（如 Google 文档等形式）来发表提问，做出回答，并分享个人的观点和意见。

Square 公司（一家金融服务公司）的艾丽莎·亨利（Alyssa Henry）是这类会议的倡导者，她的观点是这样的：大量研究表明，少数派、女性、远程办公的员工以及内向的人都很难在常规会议中发表看法。对于那些被传统文化剥夺权力的人来说，这无疑是糟糕透顶的一件事情；对那些还未收到所有人的意见表达就在无意中关闭/结束会议的会议组织者来说也不是一个好消息。

虽然静默会议这种形式看上去很奇怪，但是我们能发现这种会议的独到之处。这无关谁的声音最响亮，或者谁最为自信。这种会议形式的特点在于，给予每个人思考的空间，来表达自己的想法，而不用担心被他人打断。同时，可以尽情阅读和分享他人的想法，而不需要马上做出回应。

本书提到的关键小组讨论也是以静默会议的形式召开的。我们按照约定时间线上参会，大声做自我介绍之后，重述会议目的（事先发送给参会的每个人）。随后我们邀请与会者登录我们之前准备好的线上文档，上面已经罗列好了一系列问题。每个人都输入自己的想法和思考，这样我们就可以实时做出评论，并基于每个人的分享提出更多问题。完成这一环节之后，我们能够很清楚地总结出每个人都同意的观点，并且进一步提炼出需要深度讨论的问题。

我们的确会进行交流，却是在每个人分享完自己的想法之后。这种会议形式有助于聚焦讨论本身，并且确保每个人都能够有相同的机会表达意见。参加会议的某些人自认为是内向者，另外的一些人则性格外向。有趣的是，每个人都喜欢这种会议形式。这种会议可以在线召开，当然也可以面对面召开。如果你更喜欢使用纸笔，也可以使用便利贴，或者挂图和白板来收集每个人的意见。

如果你看到他人的意见并表示同意，也没有其他需要补充的意见，那么请避免无效重复。参加会议的人可以像开启远程会议一样轻松分享自己的想法。有些人可能只是想要分享想法，不想参与广泛决策；也有人只想讨论其中一个方面的内容，那么这就是他们需要做的全部。如果他们不情愿，甚至都不需要通篇阅读所有的会议内容。

你可以尝试让人们在会议期间添加评论。如果会议安排有冲突的话，也可以请他们在会议开始之前就写下他们的评论。这样，会议负责人就可以精准地提炼出需要下一步讨论的内容了。

董事会议

会议目的：

> 发挥战略方向指导、法律框架设定、财务监督等相关职能。

董事会议，无论是在开会频率还是在参会人数等方面，都是相对固定的。

在大多数情况下，董事会议负责审议相关议案、制定战略决策，也许还包括一些关键问题的处理等。

与任何会议一样，董事会成员的角色定位，在于质疑现状，并探索是否有更加合适的解决之道。他们的工作职能在于质询董事会议上提交的报告，检查各项工作的假设前提，并要求管理层对自己的工作负责。他们更多关注战略层面的方向把控，而非具体的经营细节。

因此，做好充分的会议准备是关键。董事会的成员通常不会参与公司的日常运作，对他们来说，了解公司运作细节需要牵扯到更多精力。因此，对董事会成员进行完整的入职培训是很重要的。我们都曾担任多个董事会的成员，并在有些公司的董事会担任了具有挑战性的角色，认真履行"挑剔的朋友"这一职责；而对于那些仅仅定义为"敲橡皮章"的董事会议，或者根本不了解董事会成员角色定位的会议，则无一不抱着敬而远之的态度。

在确认吸纳某位成员加入董事会之前，先邀请他参与其中一次会议——不要让他们成为沉默的观察者。董事会需要具有批判性思维的创造性思考者，所以，鼓励他们大胆提出问题，并参与其中。否则你怎么能了解，他们是否适应这个会议环境，并且能够为董事会议带来助力？

组会

会议目的：

> ➢ 排除故障。
> ➢ 促进有助于实现工作目标的团队协作。
> ➢ 维持团队保持消息畅通，鼓励敬业的工作态度。

组会是团队成员分享其工作进展的一个绝妙的平台。这是一个解决问题的地方，提醒每个人都要朝着同一个目标努力。这是一个可以预测即将面临的挑战的平台，协助团队提前做好准备。团队会议的频率可以高一些，比方说一个月一次。组会有助于确保整个团队的工作都处于正轨，并让所有成员，特别是那些远程工作人员有一种团队的参与感。

请不要在每一次组会上都使用相同的会议目的陈述，

因为这会导致相同的对话场景的不断重复，团队成员很快就会感觉到单调乏味。你必须根据每次会议召开的背景条件去认真审查并更新会议的目的陈述；当你觉得组会没必要的时候——请直接取消。

一对一会议 /1-2-1 会议

会议目的：

➤ 建立关键关系。

➤ 分析并指导绩效（要比日常工作更具战略性地分析工作）。

我们经常听到这样的抱怨：那些惯用的会议实践方法不适用于此类会议。啊！如果你觉得和你的条线管理者之间的会面不值得投资和关注，我们就想不出还有什么需要你关注的工作内容了。如果你本人就是条线管理者，这是一个很好的帮助员工成长、发展并确保他们能够尽最大努力去承担岗位职责的沟通机会。

此类会议的常见问题表现在：时常超时、缺乏重点、决策延迟，因为此类会议往往限于两个人面对面召开。

关于 1-2-1 会议的提醒：

➤ 提前分享你希望讨论的议题——两个人的目的陈述。如果你忘了，或者没有条件安排某人提前准备，那么请在会议开始的时候就列出清单（就好像下文会提及的临时会议一样）。
- ➤ 在不同的地点举行会议。哪怕是线上会议，这一点同样适用——你没必要固定在某个地方接听电话。
- ➤ 制订会议议程，并且定期调整会议格式。
- ➤ 坚持召开此类会议。因为这不是一个可以调整、取消或者改期的会议。请互相珍惜对方的时间。

临时会议

会议形式：
- ➤ 两到三个人的小型合作会议。

哪怕是那些简短的临时会议，或者你推动召开的非正式对话，明确会议主题依然相当必要——不然几个人为什么要聚在一起开会呢，对不对？无论是面对面的会议，还是线上会议，这类会议都很难在短时间内结束。根据一般经验，此类会议都是以非正式谈话开始，这种宽松的会议氛围往往会持续影响整场会议。很快，20分钟过去了，你却忘了讨论会议召开的目的。天啊！这太可怕了！

不过，这类会议的美妙之处在于，它极容易产生一种协作氛围。会议也许没有设置明确的主席，所以请任命一位主席，确保会议处于正轨。我们建议你时常提醒自己，为什么要召开这个会议，并列出希望在会议时间内实现的目标，并客观判断其是否可以实现。如果答案是肯定的，那么请通过刚设定好的议程来实现。提醒一点，请不要将"临时会议"作为你召开会议的标准规范，因为这会给人一种准备不足的感觉，并使会议时间更长、效率更低。

限定好会议时间——对于临时会议来说，15分钟的时长通常是比较合适的。

头脑风暴

会议目的：

> 提出想法，发挥创造力的平台。

此类会议是我们的最爱。我们可以选择在挂板上记录想法，或者直接分组讨论。

你也可以请与会者在便利贴上写下自己的想法，让每个人都有平等发言的权利，避免会议被少数几个人主导。这对于快速推动工作非常有效，对于那些生性内向的人来说也很具有吸引力。外向性格的人往往会通过交谈并组合彼此的意见来完善各自的想法；但是如果每个人都有机会写下自己的想法，那么这场会议就有了更为坚固的意见基础。

头脑风暴的难点之一，在于与会者很难突破日常生活以及现有工作范围，酝酿出天马行空的创意。需要提前说明的一个普遍客观规律是，当环境资源不受限制的时候，很难产生变革和改进的想法。基于此，一个被证明卓有成效的建议是先设立一个假设条件，要求与会者想象他们正在推进一项新服务，或者提供一种与公司产品有效竞争的新产品；下一步你可以要求他们在成本受限的条件下，重新思考如何实现他们的想法，并要求他们说明原因。取消限制，再把限制放回去，是促进广泛思考的很有用的办法。

对于此类讨论，我们乐在其中。但请一定要提前确认，由谁负责推进讨论，以及如何推进讨论。

练习：从会议菜单中挑选

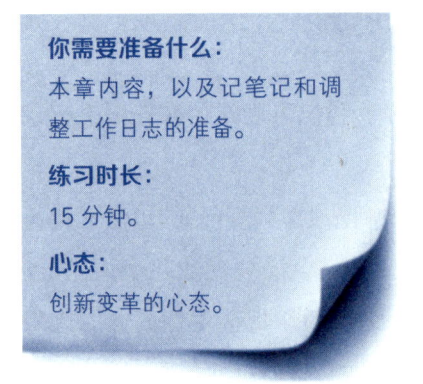

你需要准备什么：
本章内容，以及记笔记和调整工作日志的准备。

练习时长：
15 分钟。

心态：
创新变革的心态。

建议与你的同事或者商业伙伴约一杯咖啡，并且就会议形式确定等内容寻求他们的意见。问他们"如何才能让会议更富创意、更有趣、更有成效，并且更短"。

> 本书之前的章节介绍过的哪一种会议形式最吸引你的注意力？你想和你的团队一起尝试吗？
> 有没有让你感觉格外大胆且冒险的想法？如果有，怎么样才能让你勇敢地尝试一次呢？
> 对你和你的团队来说，目前的会议状态有哪些缺陷？上述会议形式中是否有一些能够改变现状，并为你的会议带来新的风气？

我可不是领导！该怎么做？

到目前为止，我们关注的重点内容还在于你作为会议组织者的行动建议。这并不是意味着，你无法参与到别人的会议当中去。实际上，作为会议参与者，如果你是一位有着丰富的建设性思考的"后排司机"，那么你同样有能力对会议产生巨大的影响。以下是如何以与会者的身份去影响那些你无法直接主导的会议的方法建议。

> 站在身后提供指导，让人相信你站在他们前面。
> ——尼尔逊·曼德拉（Nelson Mandela）

我没有会议的控制权……

如果是其他同事制订的会议议程，却让你感到分外不适应，那该怎么办呢？是时候锻炼你冷酷无情的心态了。我们回顾一下会议里的"阴""阳"的力量。我们需要平衡深度聆听的"阴"的力量和推进实际工作的"阳"的力量。如果你觉得除了参加会议别无选择（通常出于政治因素的考虑），那么提前明确会议议程会是一个很好的帮助。

为了改善你在此类会议上的体验,可以使用以下短语:

➢ 你的会议与我的其他优先安排(或者会议)产生了冲突,所以我希望可以更清楚地了解你要求我提供的协助内容。这样我就可以重新调整其他安排,或者在会议前提供你所需要的信息。

➢ 我很想参加你本周五安排的会议。方才我查看了一下议程,请问可以再详细一些说明 X/Y/Z 方面的需求,以便我更好地做准备吗(或者我可以去寻找更为合适的参会人选)?

➢ 我知道你很忙,为确保我为你的会议做好准备,不耽误你的时间,你可以告诉我更多关于会议目的/会议希望实现的目标/对达成议程第 3 项有帮助的内容吗(可酌情调整)?

我们建议你打电话,或者面对面询问,尽量避免电子邮件等交流形式。因为这样做可以直截了当地提出问题,对问题进行深入挖掘并进一步明确其核心内容。在决定参加会议之前,请自信地提出这些问题,因为这将真正帮助你计划、准备和交付最高质量的工作成果。

无聊的会议

有时候你身不由己。要求你参会的理由非常充分,但是会议本身却是那么无聊,让你身心俱疲。参加会议可能是出于某些战略上的考虑——也许是有重要客户出席,也许是你的老板要求你必须参加，哪怕会议内容与你完全不相关。

你需要以对待其他会议一样的态度去认真对待这一会议。在会议开始前大约20分钟，坐下来临时做一个头脑风暴是一个好习惯。如果你已经习惯了一些"高效忍者"的行为，可以在"第二大脑"的帮助下开展你的行动。如果你还没有这样的习惯，那么请使用待办事项清单，并尽可能地把你脑海里浮现的所有相关事项详细地罗列出来——你应该拨打的客户电话；明天是你母亲的生日但你还没有准备好生日卡片；等等。如果你这会儿没有时间，可以不必马上推进这些事情，但是务必要把事项清单做得详细一些——这样能帮助你避免被此类事项分散会议的注意力。例如，你有需要拨打的电话，那么请写下"本周五，关于要做的汇报，需要与萨拉通话。她会对汇报材料有什么意见吗？"，而不是简单地写上"萨拉"两个字。

要写下"稍后回来处理"的承诺，这样就可以更好地专注于会议了。

疯狂的视频会议

你可以通过以下几种方法，为线上召开的会议做准备，并有效提升你的工作效率。如果这是一个你认为没有价值的会议，但你又无法避免，那么请回想一下会议中的"阴""阳"的力量，并果断选择无情的"阳"的力量：直接关掉摄像头和麦克风——然后专注于那些更有意义的事情。花几分钟时间去完成文书工作，或者在收件箱里寻找需要回复的邮件（如果你是"高效忍者"的话，那么就应该是"行动文件夹"而非"收件箱"）。这样你就可以在会议的这段时间内高效地做一些事情。我们建议你做一些相对轻松的工作，这样你可以分出一半的专注力在那无聊的会议流程之中（万一你被点名了呢）。我们想要强调的是，这是最后的手段，可以应用于那些必须参加但是并没有很好地利用你的能量的会议。如果你担任会议领导，那我们就不建议你这样做了。因为这样做会为会议奠定一个错误的基调——请使用你领导的身份，带头拒绝这样的会议，或者就为什么要召开这样的会议质疑。

如果你是会议主持人，你发现有人在这样做，这说明你的会议不适合他们。请在会后和他们进行一次谈话，并重新评估后续是否需要他们参加。这是一个信号，表明你的会议需要重新调整，以更好地吸引人们参会。

让我们继续来谈谈你即将要参加的那些线上会议。花点时间确认一下你所在的环境是否安静、明亮，你的电脑上的其他窗口是否已经全部关闭。正如我们先前重点讲过的，请把手机放到其他地方，以避免干扰。

假如你无法控制会议的走向，但是会议中有一些你想要知道的关键点，可以简单地在屏幕后面的墙上，或者在电脑屏幕边缘贴上便利贴以提醒自己。这样一来，你就可以在提出自己观点的时候，保持对这些关键信息的关注。总而言之，改变会议环境，让环境去适应你。

无须多想

事项清单可以很好地帮助你避开错误，并且让你更高效、更轻松地做事。不必惊讶，我们是事项清单的忠实粉丝。海莉曾与某位会议组织者合作，那位组织者将所有事项都列入了清单。这意味着她凡事只需要考虑一次——下次遇到相同情况只需要参考一下清单，因为这些情况她之前都经历过。

会前事项清单

若你是会议的参与者，我们建议你列一张如下"会前事项清单"：

- 我还想参会吗？这次会议可以帮助我实现我的优先事项吗？
- 如果我还要去，我希望得到什么？
- 我想去做什么？
- 会议目标是否已经确认？我可以做些什么去影响它吗？
- 我读过议程和其他文件吗？如果没有，什么时候可以做？现在可以读吗？
> 我需要在会议讨论中提供什么额外的信息吗？
> 围绕某些议题是否会有紧张的讨论？我可以做点什么，去为这些项目做出积极的贡献？
> 我知道该如何使用那些线上会议工具吗？所有软件是否都已经在我的电脑上安装完毕？
> 为满足线上会议的要求，我是否需要一个安静的空间？

如果你负责推进会议，那么你需要这样一份清单：
> 我有明确的和需要传达的目标吗？
> 我需要谁参加会议？我该如何邀请他们参加？
> 我是否准备了议程讨论的时间表，每一个观点的目的是否已经明确？
> 与会者知道应该提前准备什么？（如果需要的话）
> 需要准备茶歇吗？
> 我是否预定了合适的会场？
> 我能做些什么，来表达对他们前来参会的欢迎？
> 谁最适合主持会议？
> 会议还需要其他什么角色吗？
> 会议可能出现的症结点是什么？谁会是我主要的影响者或"盟友"（可以帮助推动对话，或者建立共识)？
> 是否需要纸质的会议议程副本？

- 与会者确认出席了吗？我需要跟踪哪些人的进展？
- 我希望多少人参会？计划（和会议室）是否与之匹配？

物料清单：
- 我们准备好合适的工具了吗？（投影、挂图等）
- 会议室的布局是什么样的？（桌子、椅子还有时间是否已经准备好？布局是否完成？）
- 我们准备好水和玻璃杯了吗？
- 茶歇安排好了吗？还有什么特殊要求，或者注意事项？
- 如果房间里有钟表，是否准时？计时员是参考会场的时间，还是参照手上那块特意拨快10分钟的手表？（电影中总是有这样的场面，士兵开始行动前都会说"好的，先对时！"）
- 如果有休息时间，那么主持人或者后勤是否知道这个时间？如果想要提前10分钟喝咖啡，还有什么应急的办法吗？

关于线上会议：
- 每个人都知道如何使用线上会议工具吗？
- 每个人都收到包括登录信息在内的所有说明信息了吗？
- 我是否准备了"技术联系人"（通过电话、短信、微信等联系)？如果有人无法登录，应该如何提供服务？

➤ 如果有人在会议中遇到技术问题，应该怎么做？（比如：如果你听不见我们的声音，请打字告诉我们；如果有技术问题，请给伊莉莎发短信。）

➤ 对于客户会议、董事会议或者有外部参与者的会议，如果出现了重大技术困难而无法参会，是否有准备好的人（最好不在会场的）通过电话联系？

➤ 如果我担任会议主席，但是因技术原因无法接入会议，那应该怎么办？如我有备用的笔记本电脑、zoom账户、电话热点等其他手段，可以让我快速连上会议。

练习：做一个事项清单，仔细检查

起草一份会前事项清单，能够高质量地梳理各种会议类型以及对应的职责。

1.
2.
3.
4.
5.

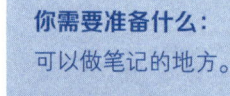

你需要准备什么：
可以做笔记的地方。

练习时长：
10 分钟。

心态：
准备充分。

当出现以下情形时,说明你的会议修复得不错了:

- 为会议做好了充分的准备,很清楚如何通过会议达成指标。
- 会就如何帮助会议顺利运行询问自己和他人。
- 安排合适的人参会,如果你自己不适合参会,那么请不要参加。

第四章

会议之中

一切都准备就绪了，接下来就是与他人会面，共同完成某些伟大工作的关键时刻了。马上要召开的可能是董事会议、销售会议或者是更加非正式一些的团队会议。会议可能是线上召开，也有可能是面对面召开。不管会议的形式和规模如何，会议本身才是最让人印象深刻的部分——我们希望这种"印象深刻"来源于积极正向的因素。

为冲刺做足准备

如果你提前准备并安排好了会议的所有细节，那么会议本身对你来说应该只是小菜一碟。就好像世界百米赛跑的最佳纪录保持者博尔特（Bolt），他可不仅仅是出席比赛，然后在9.58秒的时间里全力发挥自己所有的优势那么简单。能做到这一点绝对不是侥幸。博尔特需要花费很多年的时间进行各种强化训练，和教练一起努力，认真研究自己的饮食搭配，调整好自己的身体状态。如此多的先决条件才能让他成为这个星球上跑得最快的人。我们确信他还有许多复杂的事情需要准备，但是我们都不是赛跑冠军，所以我们也说不好具体是哪些事情。

在博尔特出席比赛的这一天到来之前，他已经完成了所有的准备工作。如果他没有准备就绪，就很难在比赛当天发挥出色（但是如果他真的没有准备好，他就不能成为世界冠军）。所有的努力都源于你之前的充足准备。同样的道理也适用于会议。这也就是为什么"做好准备"是多么重要的一件事情。

做好准备是为了充分发挥你的贡献作用，帮助你创造出一个专注于行动、协作和实现你所设定的目标的会议氛围，这一节点是具有里程碑意义的。

如果你是会议组织者，请牢记：其他人放弃了自己的精力、专注力和时间，来陪你一起开会。相比较他们原本可以做的工作而言，为了会议他们付出了不小的成本；更不用说召开会议本身也需要占据企业的经营成本。从这个角度出发，你甚至有必要向预算部门证明召开会议的成果是合理的。是时候充分利用你的团队资源，来达到最好的效果了！

会议的成本很难被精准测算出来，不过你可以试试一些应用程序。你只需要下载程序，输入房间内所有人员的平均工作成本，然后看着会议成本随着会议的深入进行而逐步增加，就好像你在拥堵的马路上盯着出租车的计价器那样。

本章分为两个部分：第一部分是针对会议组织者以及会议主席如何推进会议的想法和建议；当然对于会议参与者而言，这部分内容同样值得借鉴参考，因为我们也会提及一些能让会议主席对你感激万分的会议技巧。第二部分则更为详细地介绍了如何才能以与会者的身份"最恰当"地参加某次会议，贡献最出色的成果，并获得最大的收益。

如果你是会议领导

主持会议

在我们看来，会议主席这一角色，其核心工作在于保持会议中的"阴""阳"平衡。他们需要协调与会的每个人，帮助其处在正常的工作轨道，每个人都有发言权，并确保所有人不会受到干扰。这才是实现会议目的的坚实保障。

对于许多人来说，尤其是那些担任高级职位的精英来说，每周平均都要花费好几个小时的时间在主持各种会议上——但是主持会议的技能在人员面试中并不能很好地体现。有资格成为一名出色的会议主席是一项经常被忽视的软性技能，需要出色的沟通能力、深刻的同理心以及精准的时间观念。最重要的是，这类技能是可以通过学习、锻炼从而不断提高的，可以让你的工作和生活更加轻松，并提升你的声誉和工作效率。

不擅长会议主持的人很容易翻车。一位好的会议主席，可以巧妙地应对各种状况，确保每个参会者都能集中注意力，并让周围的一切看上去井然有序。对于线上会议来说，会议主持同样十分重要，有时甚至需要付出更多的努力。

低效主持导致的会议拖延

你肯定参加过一些没有明确会议目的的会议，会上总是弥漫着一股浪费时间的气氛。会议总是抓不住重点，反而一直都在兜圈子。真希望这种会议能够早一点结束啊！如果是线上会议，你只能无聊地摆弄手机或者浏览其他网页以打发时间。离开会议室的时候，你甚至不清楚过去的两个小时都做了些什么工作。你感到很累、效率低下，并开始考虑是否应该修改自己的工作简历。很大的一种可能性是，这类会议是由某个同时担任记录员、计时员的会议主席主持的，而这位主席同时也下场参与讨论。还有一种可能就是会议主席的主持技能太差。

练习：怎样成为一位好的会议主席？

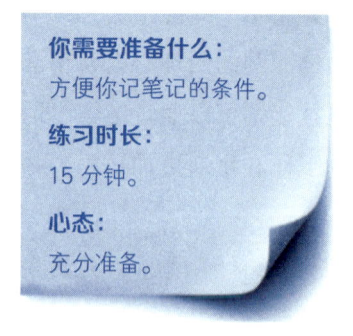

你需要准备什么：
方便你记笔记的条件。

练习时长：
15 分钟。

心态：
充分准备。

我们试图将你培养成为一位优秀的会议主席。那么这需要什么条件？请回想一下在你所参加的会议中，有哪些会议主席十分称职？他们是怎么做的？参加这样的会议是什么感觉？请在下面列出清单：

1.
2.
3.
4.
5.

审视上文的清单。请思考，就算你不是会议主席，在哪些方面，你认为自己可以在会议中做得更多？作为积极的会议参与者，你不需要会议主席的引领——你可以提出问题，或者带领着人们继续前进，或者去做任何你觉得需要做的事情。

一位出色的会议主席会做很多这样的事情：

➤ 准时开始会议。

➤ 让每个人都保持状态，并与会议目的保持一致。

➤ 确保会议谈话不会被任何个人所影响。

➤ 及时推进会议，避免会议重复、脱离主题或者单调之味。

➤ 坚持按照议程推进，除非有很好的理由。

➤ 准确识别不按照议程推进会议的合理理由和不合理理由。

➤ 在会议之前、会议期间和会后都能明确与会者的会议期望。

➤ 确保每一位想要付出的人都有机会发表自己的看法。

> 确保能察觉会上所有的动作和意图。
> 当注意力减退，精神不济的时候，你能及时发现并及时解决这一问题。
> 按时完成会议。（当然提前完成更好）

什么？要我来担任会议主席？

你发现自己正在主持某个会议。这可能是通过你的精心策划才得到的宝贵机会，也有可能是你遇到了什么大麻烦才接下了这个任务。但是无论如何，你都需要让这次会议顺利推进。

作为会议主席，在会议开始之前询问自己，是否仍有必要开这个会议。这会是一个很不错的会议开局。会议目的依然与公司战略相关吗？假如首席执行官刚宣布裁员约50%，那么人力资源团队就没有必要开会讨论新的招聘办法。在会议刚开始的时候，请务必再次确认这一点！这样一来，如果会议仍有必要召开，那么所有人都可以努力朝着会议目标共同前进。

灯光、摄影和行动

会议以线上形式召开的时候，除必不可少的开场签到之外，会议主席还需要确认每个人的通信设备是否正常运作。众所周知，摄像头和麦克风一样，都能够显著提高会议的专注力——人们不太可能在这样的状态下去分心做其他事情。研究同样表明，面对面会议容易激发出更多的创意。

以 4P 原则开场

会议马上就要开始了，请你回顾一下之前提到的 4P 原则，认真思考这一模式是如何应用在会议之上的。每一条规则都可以用一句话来概括。

目的：向与会者强调开会的目的陈述。如果可以的话，请把会议目的展示出来，这样一来全场会议都可以围绕会议目的推进。

计划：让所有与会者都清楚会议是如何安排的，以及会议间歇时间是如何安排的。

规则：如果你准备召开线上会议，参会者是否知道如何最好地表达自己？如果是面对面会议，你是否考虑过相关技术的使用？

人员：恰当地介绍每一个人很重要。知道谁是谁，以及他们在会议中的角色，对每个人都很有用，哪怕他们彼此之间都互相认识。

目标是会议的起点

想象一下，如果月度例会是这样的开头："之所以我们开会，是因为我们每个月的会议是惯例；有人曾认为这是一个好习惯，但是我们都不曾认识到，这一会议形式再也不适合我们了。"

但是如果你这样开场，是不是有可能产生截然不同的效果呢？"月度例会的目标是寻找到可以相互帮助，并达成季度目标的办法，同时为九月份的新品发布做好准备。"你要提醒参会者会议目标很重要，哪怕会议议程就放在他们面前。对于定期举行的会议，会议目的应该是专门针对本次会议而设立的。

与会者介绍（那个留着胡子的男人是谁）

你还记得担任新职位之后的前几次会议吗？也许你需要熟悉新公司的很多简称，很多新面孔。但是需要你记住的不只是新面孔和新名字，还有他们的职级和分工，对于大多数人来说这可不是个简单的工作。如果这群人只是一个月或者一个季度才碰面一次，那么这些信息就更难被记住了。这就是为什么与会者的信息介绍会显得那么重要。

如果你身处某个会议，但是负责会议主持的同事并没有介绍在场的所有人，那么请提出类似建议。也许你不会收获很大声的感谢，但是大多数人都会在心底默默感激。

为什么我会在这里？

有没有人在会上这样问自己？自我介绍可以是一个快速明确参会目的的办法，也方便了解其他人出现在本次会议的原因。哪怕与会者之间彼此认识，最好也能让每个人都解释一下来开会的原因，以及他们想要通过这次会议达成的目标。例如，与其让萨利（财务经理）介绍自己的姓名和职位，不如让她以这样的方式介绍自己："我叫萨利。我全面负责公司的财务工作。今天参加会议的主要职责是协助规划接下来六个月的公司战略，确保大家在预算范围之内可以充分利用我们的资源。"这样做有两个好处：包括萨利在内的每个人都知道萨利的角色，她也清楚地说明了她本人在会议中承担的职责。

让你安排的计时员给每个人1分钟（或者更少）的时间，确保自我介绍的时间简短。务必把这一环节纳入会议议程。当然你也可以向所有参会人员做出事先提醒，请他们提前做好准备，这样能够显著提升自我介绍的质量。

以工作回顾开场，从而提高会议积极性

会议通常以上一次会议确认的计划的执行情况为起点。有时候这些工作已经完成，有时候并没有，但是这不影响这一部署作为一个令人兴奋的开始，不是吗？

还记得我们讨论"阴"的力量和深度倾听的时候，曾经谈到过关于会议"开场"的概念吗？让每个人都讲一些积极的事情有助于从两方面设定期望。第一，每个人都能意识到她们正在参加会议；第二，分享一些积极向上的内容可以影响他人的感受。不强求讨论与会议相关的积极内容，这一环节只是为了确定讨论的基调氛围。将时间限定为30秒或60秒，可以提升创造力。

有助于引导会议积极向上的暖场可以是这样的：
- 最近的工作或者生活有什么好消息吗？
- 上次会议结束之后，有什么好消息吗？
- 对今天（或者本次会议，或者这个月）有什么期待？
- 本周你对哪方面工作最感兴趣？
- 本周你的成功应该是什么样的？

➢ 对于线上会议而言，你可能希望他们分享自己所在的会议空间的一些信息，比如说他们最为津津乐道的某一点。

关注好会议时间

会议主席不一定担任计时员的职责，但是如果他们所在的位置能够看到一个时钟，那么对于会议来说一定有着不小帮助。有时候，作为会议主持却经常盯着手表看，会产生一种会议时间很紧张的气氛，这有助于让每个人都保持会议状态；反过来说，经常看手表也会被认为是缺乏会议参与感，这不是主持会议的好办法。关于这一点我们的建议是，可以安排专门的会议计时员，负责在议程剩余时间比较紧张的时候做出提醒，或者简单为每一项议程计时。

回想一下上一次会议超时的情形。还记得当时每个人的感受吗？大多数时候，与会者都渴望能够早点离开。请代入思考，在这种情形下与会者的脑子里会想些什么。作为会议主席，请始终记住一点：与会者已经同意在开会这段时间内付出他们的专注力，所以请务必控制好会议时间。毕竟，你也有许多其他事情要做，不是吗？

一个出色的会议主席很清楚什么时候要限制会议对话。要想对此驾轻就熟，你必须同时对会议目的和如何推进议程以实现会议目的这两点有着极为深刻的认识。分解每一项议程，计算每一项议程需要投入多少时间才能产生效果,这样做也可以提醒每一个与会人员,会议时间是有限的。

如果会议是在线召开的,那么请在会议开始的时候,在屏幕上分享会议的议程和会议目的(如果有需要请随时更新);这会是一个很好的视觉提醒,给所有人一种同步开始的感觉。

会议结束时的节点工作

在理想情况下,你最好在原定的会议结束时间的 10 分钟之前结束会议。你可以这样收尾:"好吧大伙,我们刚进行了一场绝妙的讨论,不过还需要做出决定。我认为比较好的选项是 A/B 或者 C。有没有什么遗漏的?"也许你还需要所有成员举手表决。这些做法可以确保你的会议提前结束。

还有一些很有效的会议收尾词:

➤ "大家讨论得很好,感谢你们所有人的想法。现在我们需要明确将要采取的做法。"然后请在会议室里走动,请所有人分享他们的做法。同时,也可以鼓励在场的所有人思考还有没有什么内容可以补充的,尤其要鼓励那些埋头记笔记(也许他们正在忙其他事情)的同事。对于这一类人,请事先提醒他们还有一个总结发言的环节,确保他们做好了准备。

➤ "我们来确认一下要推动哪些工作。"如果召开的是静默会议，请让记笔记的同事回答这一问题。当然你也可以查看共享会议菜单。
> "我看着时间呢！请想想，我们还需要做些什么？"

一旦正式的会议工作完成，以一种乐观积极的态度结束这次会议总是有益无害的。可以请他们分享一些会议上发生的正能量的事情，或者请他们讲讲接下来的打算。

在最近的一次公开的研讨会议上，我们邀请到了比之前多得多的参会者，同时也希望能够压缩收尾环节的时间。一位同事建议，我们用一个单词来结束这一环节，即邀请所有人都用一个词语来评价全部的课程。大家使用诸如积极、专注、清晰、鼓舞人心、积极向上、快乐等词语。这是一种很出彩的结束方式，只花费一点时间。

你也可以提出类似这样的问题：
> 你从中学到了什么？
> 你觉得最宝贵的是什么？
> 你还有什么别的期待吗？
> 你觉得会议做得最好的一点是什么？

也可以让他们以一个句子结束，比如：
> "这个会议可太棒了！如果……那就更好了！"

请记住，这类动作既可以口头表达，也可以写在共享空间上。这是一种同时适用于线上和线下会议的做法。

暂停的力量

暂停是有力量的。想象一下，如果你在观看一部恐怖片——当有人打开门的那一瞬间，画面暂停了，紧张的气氛一下子被推到最高峰。或者，如果你是个音乐迷，那么在本应出现音符或节拍的地方出现了暂停，这也是一种令人兴奋的做法，仿佛沉默是这个世界上最具有音乐力量的存在。这两个例子告诉我们，暂停并不是毫无意义的虚空，实际可能恰恰与之相反。在会议中也一样，偶尔的暂停可以是很好解决问题的技巧。

图4-1 暂停的力量

当你有幸观察一位大师级的会议主持人或协调员工作，你时常会注意到的一个细节就是，他们是如何利用好暂停的力量的。

暂停在以下三个方面很有用处：

1.实操性的暂停。无论是计划内的暂停还是计划外的暂停，都可以在事情出现恶化迹象的时候，为人们带去一种"重新出发"的感觉。

2.战略性的暂停。如果出现了一件分歧,或者察觉到谈话总是在绕圈子,那么暂停是缓解局势的好办法。

3.反思性的暂停。如果有许多内容要吸收消化,那么请用暂停来给所有人做笔记、放松思想的空间。

让我们来详细看看几个会议暂停的策略:

1.实操性的暂停:我可以去方便一下吗?

史蒂夫·乔布斯在他的苹果主题演讲中提到过很著名的"十分钟原则":每十分钟都展示新的内容,可以是新的演讲者介绍,一段新发布的视频,或者是一段空白休息时间。为什么这样做?因为他知道每个人的专注力都只能在短时间集中。在理想状态下,所有的会议都应该安排得简短紧凑。这样一来就完全不需要安排会间休息了。但是按照"十分钟规则",在会议进行到一小时左右时适当休息一下也是很合适的(如果是全天会议,那么请每一个小时休息一次)。

你可以很容易分辨出会议是否需要暂停让大家休息——与会者开始表现得坐立不安,变得不那么活跃,专注力下降。在虚拟会议中较难察觉到这些信息,因此我们可以设置几个提醒时间,方便定期与他人交流确认。如果你的会议时间比较长,最好让大家提前知晓休息时间。

我们曾听到一位同事反馈:"再有趣的想法,也比不上一个要满出来的膀胱。"有时候,你需要增加计划外的休息时间,这样人们可以去上个厕所,或者去喝点水(有时两者皆有需要)。海莉曾经参加过某项活动,除固定的休息时间外,主持人还建议大家一起进行"5分钟的腿部伸展运动"。如果人数很多的话，这一环节可能会超过 5 分钟，但是这一举动的确有助于让人们快速放松。根据我们的经验，如果你看到一大组人中有一两个人出去上厕所，那么就应该马上宣布休息。请大胆询问他人的意见，不用担心这是否是休息的合适节点（请记住，他们希望你牵头做这样的事情）。

2. 战略性的暂停

实操性的暂停很重要，但是休息也不仅仅是生理意义的。暂停意味着给人们时间去反思，尤其是当对话变得火药味十足，或者遭遇到特别棘手的问题的时候。在辩论和出现分歧中，双方往往会不断"巩固"和"升级"。换句话说，分歧的时间越长，那么局势就越有可能失控。在辩论或者处理分歧的过程中休息一下，给每个人一个暂时离开和休息的机会。根据长期观察，越是安静、理性和务实的人，就越能利用好这个机会来自我调节。与此同时，那些处于分歧中心的人们会冷静下来，并利用好这点宝贵的时间来制订双方满意的解决方案。

战略性的暂停有助于厘清思维。它能帮助我们寻找新的想法，更好地评估信息，甚至会改变我们的决策方向。研究表明，休息时间会影响到法官的最终判决：休息时间越早，犯人获得假释的可能性就越大。为了做出正确的决定，有时候我们都需要停下来好好补充能量。你不需要多订购几杯咖啡，或者安排上厕所的时间。要做好战略性暂停，你只需要：

> 从多种角度出发，去划分几个小组，或者关注问题的不同领域（利益相关方、预算、方法论、利弊等）。

> 围绕着会议桌，让每个人都总结截至目前的想法和感受（如果可以的话，用一句话或者一个词语来总结）。比如，他们会对某个决议表示投赞成还是反对？他们是自信满满，还是满腹疑虑？你可以适当提醒所有人会议的目的，询问他们会议目的的实现路径。

> 让每个人都不要说话，只在纸（或者电话／笔记本电脑）上写下他们的想法或者解决方案。

> 做一个简单的冥想。

> 继续会议讨论。作为会议主席，请留心要把话题收回一些。比如，用你在会议室内里能让人听到的更安静的声音或者用更慢的速度来做总结（特别是当事态变得激烈而有扩大化趋势的时候，肾上腺素会促使你讲话的音调变大和语速变快）。这种节奏上的动态变化会起到一种停顿的作用，你还不需要实际地做出休息的决定，或者临时调整议程安排。

3. 反思性的暂停

让每个人都不说话，这样做是很有好处的：他们都有时间反思，去梳理迄今为止收到的信息。在会议的开始或者结束的时候进行短暂的冥想思考是帮助人参与到讨论中的很好的手段。

"请你不要说话"

也许你参加过这样的会议，你需要很努力才能找到机会去发表意见，去做出属于你的会议贡献。当人们总是在互相打断对方的发言的时候，你大概只能清楚地表达事先准备好的内容的一半。我们很多的想法都必须在大声表达的过程中得到发展和提升，但是互相打断对方的发言，我们就失去了让所有人的想法有机会提升的机会。这就是"会议暂停"可以派上用处的地方。

哪怕人们并没有发表意见的意愿，"暂停"也是很有用处的。你需要做的就只是鼓起勇气，去主动适应这种沉默。如果有人想要改变这种沉默的气氛，他们就会主动去发表意见。警方经常使用这一手段来逼迫受审讯的嫌疑人主动坦白，而辅导员也经常用这种办法来给人们留出时间来整理和表达自己的想法。

暂停有助于激发专注力

有许多办法可以吸引人们的注意力。海莉所在的大学里有个讲师，每讲课25分钟就会停顿一会儿，给学生们预留出大约5分钟的谈话时间。这种被称为"番茄工作法"的手段可以让人们暂时放下注意力，然后再次将注意力集中到讲座上。你可以在会议室试试这一招。

同样地，将会议的焦点从讨论转移到视频剪辑或者是

"展示性描述"也是一个很好的暂停模式。格雷厄姆曾担任某个国家慈善机构的董事会成员。每一场董事会会议都安排了一个重要环节,那就是对一位在场的工作人员或者非董事会成员的受益人进行介绍。这个简单的会议环节可以有效地将董事会的讨论主题拉回"慈善"工作的初衷。(如果长时间深陷于年度账目的分析,或者某一项法律条款的争论,就会很容易忽略工作的重心。)

给会议带去快乐

组织者可以有许多手段来让会议变得更为高效。同时也有许多方法,可以让会议变得更为轻松愉快和有趣。你知道吗?让会议保持轻松愉快可以帮助人们更好地集中注意力,尽情参与到讨论中去,并对会议印象深刻。

很多人认为,高级管理者参加的会议,应该少一些"快乐"。但是为什么要这样想?岗位越高的人,他们参与会议的时间就会越长。能够在会议中感受到快乐有什么不好吗?当然这并不适合所有会议(比如辞退会议、纪律会议等),但是我们还是建议你可以在团队会议、休假日或者是可以从轻松有趣的会议氛围中受益的会议中尝试把会议安排得生动活泼的做法。下面是一些经我们的客户测试,或者我们亲自体验过,以及听上去还挺有趣的做法介绍:

> ➢ 从某件看着有些愚蠢的事情开始。可以选择几条从

YouTube 上剪辑下来的搞笑短视频。这一环节只需要花费几分钟时间，却可以有效缓和会场气氛。我们听说，有这么一家公司，将这项任务指定给那些定期会议迟到的人——下一次会议就由他们来准备这些内容。

➤ 涂鸦比赛。会议结束的时候，颁布一项最佳涂鸦奖，这个主意如何？一边听会议，一边做点什么事儿有助于集中注意力。请注意，这和在会议期间的多任务推进不同，后者几乎没有什么帮助。

➤ 如果有人负责记录会议，可以试试用"画图"的形式来记录。你也可以邀请在这方面具有专业天赋的人来做——对于节假日或者大型活动来说特别有意思。

➤ 在会议开始之前的 20 分钟，安排一个快速的抢椅子游戏。可以让与会者运动起来，还可能会萌生出某些新想法。

➤ 强制押韵。安排这样一个议程，让人们组织他们的观点，务必要求押韵。

➤ 会议期间安排奖励。比如设立这样几个奖项：本次会议穿着最为得体奖、最天马行空奖、最先使用预先确定的关键词奖等。

➤ 设立"会议禁词"。每个人都得为这些"禁词"寻找替代词语。如果不小心说漏了"禁词"，就得接受惩罚。这样一来就能有效避免会议出现过多的行话或缩写词。尤其是在有新人参与的会议中，这样的做法尤其有效。
- 接球游戏。如果有人想要发言，就必须手里有球（微软公司使用一只名为拉尔夫的橡皮小鸡）。这意味着你不能打断别人，也不能在会上点评某个人。
- 我们都知道茶歇小吃在会议中很受欢迎。给每个与会者准备一块薄荷糖（最好是从冰箱中拿出来的）。让他们把薄荷糖放在额头上，然后在不用手碰这块糖的前提下，使用自己的面部肌肉，确保这块糖落入口中。这是一个舒缓心情的好办法，也会给会议带来几分钟的欢声笑语。

其中一些建议看上去有些不当，不过它们也曾被证明是非常有效的做法。你的会议可以容纳多少有趣或愚蠢的事情呢？有哪些会议可以受益于这种快乐的氛围？请随意评论我们测试的这些内容。

掌控整个舞池

我们为各类客户举办工作坊的过程中时常会发现，有一些人的贡献就是超出其他人许多。有时候这没什么大不了，因为会谈还能继续；但是也会出现这样的情况，某些人的突出贡献是以牺牲其他人的发言权为代价的。在这种情况下，会场很可能弥漫着一股沮丧的气氛，并容易产生会议对立。那些"掌控全场"的人通常对自己的所作所为没有清晰的认识，也许他们只是对某个特定的议题分外感兴趣，也许他们只是不喜欢被问到某个问题的时候出现的集体沉默，想要在其他人认真思索自己的答案之前就填补这所谓的"沉默空白"。作为会议的主导者或者是参与者，你可以果断采取某些手段，来减少因为某个人过度主导会议而造成的会场干扰。

如果你不想掌控全场

也许你是一位外向的健谈者，也许你正在参与某个与你的宠物项目相关的会议。无论是什么形式，你都能意识到，你自己就是那个主导会议方向的人。

如果你开始意识到自己的发言时间已经完全超过了应该有的份额，那么请尝试以下办法：

- ➢ 记下你的想法，然后耐心等待。让其他人先尽情分享他们的看法。把你自己的想法用笔写下来，这样就可以在时机合适的时候用更为简明扼要的方式表达。
- ➢ 你可以多说说这样的话："今天我已经讲得够多了，还有谁愿意来讲讲？"
- ➢ 你可以等到最后一个发言。在下一个议题开始之前分享自己的观点。

如果你不是会议主席，却发现有其他人在主导会议

也许会议主席并没有意识到，也许他们并不打算做点什么。大多数时候，会议主席都会感谢有人出手干预这种现象，我相信其他的与会者也同样会对这种做法抱有感激之情。

你可以试试这样做。当有人长时间论述自己的观点的时候，你可以这样说："在你继续发表言论之前，保罗（Paul），我想先请法瑞尔说说有什么要补充的。"或者，你也可以对刚才对方的发言内容做一个总结，并询问其他人是否有其他的补充。如果你不是会议主席，这样做可能有些不太合适，但是你担任与会者这样一个重要角色，做出这样的举动也是很有必要的。就算这样做没能发挥什么实际作用，至少也能收获他人的感激（哪怕只是心底默默的感激）。

当人们太大声或者太安静时，你可以采用的策略：

➢ 请使用好便利贴。将便利贴分发给所有人，请他们把各自的想法、意见和问题写在便利贴上。将相近的想法和主题收集起来，方便深入谈论；然后请与会者把对于每一个主题/想法的评论和意见写到挂图上去。这样一来会议主席就可以作清晰的总结，并且识别出那些还需要进一步讨论的内容。如果是线上会议，也有功能相似的工具。你可以使用共享

文档，或者大多数在线会议都有的聊天区域，这样每个人都能看到彼此的贡献。
- 列出具体的问题，然后分组讨论。让他们经常性地更换匹配对象，这样就避免了会议长时间被某个人主导，或者长时间和不喜欢的人合作。这一做法同样适用于线上会议。每个人可以保持静音状态（这样可以减少登录和注销的延迟），然后用电话或者通信工具，在小组里讨论。
- 在房间里走来走去，然后让每个人依次分享对于正在讨论的议题的评论。如果他们没有什么要补充的，就跳过去询问下一个。

动起来

我们要鼓励会议中的运动。在我们举办的工作坊中，我们经常鼓励人们隔一段时间就调整一下座位，或者站起来做一个 10 分钟内的讨论。这有助于人体的血液循环，让团队成员充满活力。你也可以尝试一下站着开会，步行讨论或者需要移动座位的会议讨论。于 1999 年出版的《应用心理学杂志》(Journal of Applied Psychology) 发现，静坐的会议的持续时间普遍要比站立会议长 35%，而两者在会议效果上几乎没有区别。随着站立式办公桌的流行，我们希望下一阶段会推行站立式会议。如果不方便以站立开会的方式持续整场会议，那么至少安排几个议题的讨论环节以站立开会的形式进行。请仔细观察，并感受会议的能量变化。

在会议中，我们如何通过运动来获得创造力？

"新想法的停车场"

有时候，会议里的谈话可能和议程或者会议目的无关，但是却对更广泛的团队或组织意味深远。

这种时候，"把新想法安排在停车场"的模式才真正派得上用场。举个例子：我们正在举办一场工作研讨会，是关于"如何将收件箱清零"这个议题的。其中一位客户在会议结束之后为所有人预订了午餐，这样就有了一个提供会议的反馈意见的平台，有机会深入地去讨论电子邮件或者即时通信如何才能在他们公司的组织文化中发挥作用。在整个研讨会期间，与会者就关于不同的操作实践、不同环节的差异化的期望，以及个人持有的截然相反的想法等提出过许多的意见。为了不错过这些议题，我们决定在午餐时间围绕这些问题进行进一步讨论，并把这些议题写在了一块挂图板上。这些问题并不关注应该如何处理自己的电子邮件（因为研讨会已经深入讨论过这部分内容了），而是更倾向于列举他人的期望。比如说，有些人习惯在度假的时间里查看并回复电子邮件；有些人习惯在晚上 11 点给他人发短信；还有一些人认为 10 分钟之内必须回复邮件，另一些人则认为三天之内回复都是可以接受的。关于组织上如何维持工作沟通这一方面，显然缺乏统一共识。通过在挂图板上记录这些问题，我们确保讨论的轨道没有偏移，但是我们也没有忘记讨论公司文化中涉及期望的这部分内容。

如果你本人在会场里，可以更直接地采取上述操作；如果是线上会议，那么你可以创建一张所有人共享的幻灯片，以供查看。也可以请计时员、会议主席之外的其他角色担任这项工作。

对于那些线下召开的会议，可以准备一块白板或者挂图板，在最上面写着"停车场"，并以此作为会议的开始。举个例子，如果本次会议的目的是讨论如何改进员工的入职流程，并强调目前在工资发放清单中增加人员存在延迟状况。这显然是一个重要的问题，但是单纯的讨论并没有推进这一问题的解决。在会议中我们将各种想法"停"在会议白板上，然后在会议的最后几分钟围绕这些问题去分配任务，或者决定哪些结论要在今后的会议中应用。如果会议的结论很重要，那么可以请大伙在会议之外更新进展。更棒的做法是，让每个人都默认这些结论得到落实，除非有人反馈需要协助。如果这些内容可以在会议之外处理，那就再好不过了。

立即行动

有时候，会议会陷入停滞。要知道每个人都可以推动会议讨论，这不仅仅是会议主席的工作。在这些情况下，可以使用的一些发言模式包括：

我的理解是，我们已经同意了 X 和 Y 两个事项，接下来该弄清楚 Z 这个事项了。

"既然我们已经讨论结束，似乎应该着手去做其他事情了。我们需要投票表决吗？"（如果这不是个投票会议，那么可以建议其他人选择自己更为青睐的选项，或者说明决策流程，并与所有人沟通讨论。）

"我们已经讨论了一段时间了，听起来每个人都说明了自己的观点。那么最终结论是什么？"

"大多数人的想法我们都知道了，还有谁要补充的吗？"

"会议留给我们的时间不多了。接下来我们用两分钟时间来确定，会后由谁负责推进相关事项。"

"我关注着时间。你们继续讨论。"

"到目前为止，我们决定采取的行动是……"（请会议记录员明确相关行动）

"我们在房间里转一圈。如果在这个问题上只能做一件事情，你会选择做什么？为什么？"

管理好"河马效应"

阿维纳什·考什克（Avinash Kaushik）在世界上第一个提出了"河马效应"。这一效应描绘了会议现场薪水最高，或者经验最丰富的人发表意见时的常见情形。考什克指出，哪怕实际情况与此人的意见相矛盾，其他人也不太可能公然提出反对意见，反而大概率会赞同这一意见。这是创造性思考公司在举办工作坊时经常注意到的一点：那些"河马"具有很强的影响力，虽然这种影响力主要来源于他们丰富的经验，但是这可能会对会议产生不太好的效果。这一现象尤其需要重点关注。因为会议是一种团队协作，每个人的意见和专业技能都应该在决策过程中受到重视——这也是召集他们开会的原因。毕竟，"河马"并不是全知全能，他们也并非永远正确。也许我们可以让他们最后发表意见，这样其他人就可以在不受干扰的情况下分享自己的观点。

图 4-2　河马效应

我就是"河马"

如果我本人就是"河马"呢？你当然可以参与到会议当中，并且发表自己的看法。你也可以选择等到其他人都说完自己的意见后再作补充。在层级森严的组织中，"河马效应"更多是一种挑战。作为一只"河马"，你可以通过以下几种方式来减轻这种效应：

> 有意识地在小组讨论的最后一位发言。
> 对你个人的贡献保持谦虚。
> 更多的是提出问题，而非说出答案。
> 对他人的想法表示赞赏。
> 记住哈利·杜鲁门的格言："如果你不在乎功劳落到谁头上，那么终将达成令人惊讶的成就。"
> 积极地寻求想法和意见的多样性——询问那些不同意的意见，并鼓励那些可能缺乏足够的自信，很难在没有提示的情况下发表意见的批判性思考者。

另一种做法就是发挥更多的"教练"风格。这需要花费更长时间，但是却是培养其他人分析思维的一种很好的办法。基于这种模式，"河马"不再发表自己的意见，而是通过提出问题的方式，来鼓励人们以不同的方式来做更具批判性的思考。举例如下：

我们曾与一家快速发展的初创企业合作。公司的创始人担任首席执行官，对她的全部事业都抱有无限的热情。她意识到自己参加了太多内部会议，目的是更多地参与到许多决策当中去，并且对疑难事项现场拍板。她之所以选择与创造性思考公司合作，原因和大多数客户相同——一天的时间就只有 24 小时。过于密集的会议安排阻碍了她完成需要完成的工作——那些只有她才能完成的工作。我们建议她明确每次会议的目的，这样她只需要在每场会议的最后 10 分钟到场就可以了。会议的其他内容就让执行层面的人充分讨论，并在会议最后向她提出决策建议。这样她可以提出问题，基于他们的讨论做出结论并签字。这意味着会议会得出一个明确的结论，同时很好地规避了"河马效应"。这样一来，首席执行官就可以花费较少的时间在会议上。

做出决策

说到底，会议的目的是得出结论。所以必须有人在某个场合做出决定。在会议开始之前，就明确这一点，是非常有帮助的。如果最后的结论是按照"河马"的建议去做，而支持这一结论的唯一原因是"他们是河马"，那么通过会议来分享、批判的协作过程纯属浪费时间。

练习：观察会议中的"河马效应"

➢ 我有没有参加过"河马效应"非常明显的会议？

➢ 如果答案是"是"，那么需要做些什么去改变会议的氛围？我能做些什么？

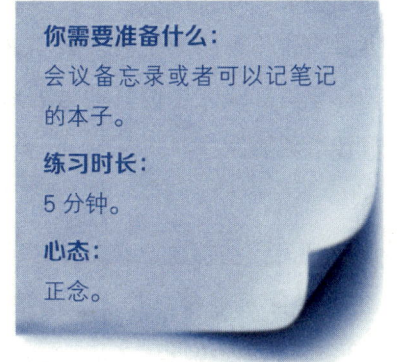

你需要准备什么：
会议备忘录或者可以记笔记的本子。

练习时长：
5分钟。

心态：
正念。

> 如果我就是"河马",我能做些什么不同的事情,来表示我尊重所有人的贡献?

设置约束

为会议设置各种约束条件听上去是给会议增加难度,实际上恰恰相反。人们常说,必要性是发明之母。更少的时间、更少的人、更低的预算或者其他限制条件,可以让大脑更加专注于解决问题的最佳方法。会议也是同理。我们希望你在会议中多多尝试设置约束条件。时间是一个明显的约束项,所以第一个技巧就是严格控制时间。不允许再出现会议超时的现象——只允许按时,或者提前结束。

参加会议的人数听上去也像是另外一个常见的约束因素,开会的频率也是。再好好想想,还能增加什么约束项?比如说,不允许打断?或者是约束每个人在会议期间可以发言(不间断)的次数。这样的尝试是很有趣的。如果你想更加深入了解其他人的意见,可以把分配给你的次数转给其他人。

还有一些促进会议效率提升的约束项:
> 使用番茄工作法,每25分钟的会议时间后安排5分钟的休息。
> 要求用一个词语或者一句话来回答问题。

> 为发表意见、自我介绍或者其他业务设置计时器。
> 设置这样一个条件，每个人有权力在房间里走动。同时规定只有在他人行动的时间段里才允许发表意见。如果你觉得这番言论很有意思，那么你就可以放慢你的行走速度；如果你觉得自己听够了，那么可以快速移动。
> 要求人们轮流发言，但是要在发言的同时保持头顶一本书（或者单腿站立，或者做其他类似的事情）。要在坚持做这个动作的时间内完成发言。
> 请所有人在便利贴上总结自己的想法，然后展示给所有人看，要求他们投票选择。

做更好的决定

爱德华·德博诺的"六顶思考帽"是另一种可以优化决策过程的工具。根据相关报道，速比涛（Speedo）公司已经采用这种决策工具，为奥运会的游泳选手设计泳装。德博诺的工具模型安排每个人都穿戴相同的帽子（虚拟的），来探索一个问题的多种角度：

> 蓝色帽子（管理）：定义这一问题并设置目标，并从更广泛的背景去思考问题。
> 白色帽子（信息）：搜集数据，探索事实。

> 红色帽子（情绪）：在不掺杂理由或者证据的情况下，人们对某项事物的真实感受。他们的直觉反应是什么？
> 黑色帽子（辨别）：寻找哪些环节是现实的、实际的。定义那些需要注意的地方。
> 黄色帽子（乐观）：寻找最佳解决方案，寻求和谐。
> 绿色帽子（创造）：创新意识，以毫不受限的创意去思考问题。

当会议情绪高涨的时候，六项思考帽是一个很不错的思维工具。它足够支撑会议讨论遵循情绪变化，并将事实、创造性的解决方案以及方案的实用性通盘考虑。根据这一工具，对这些不同的思维方式进行分解，每次选择其中一个视角，基于相同的信息基础深入挖掘并推动共同思考。这意味着统一研究视角，并显著减少会议冲突。通过这种思维工具，会议可以在充分考虑事物的不同方面的基础上，做出最终决定。

我们很欣赏德博诺的六项思考帽模型，当然你也许会思考其他的帽子。那些由公共资金资助的组织经常会被问到一个问题："是否通过了《每日邮报》的测试？"（意思是如何更好地设立话题，以吸引媒体眼球）其他可能的帽子包括：高级管理团队或者董事会成员想知道什么？从客户的角度看应该如何运作？从内部流程来看应该如何运作？

我们的竞争对手会怎么做？那些规模更大（或者更小）的企业会怎么做？我们应该如何使用我们的核心价值观来解决这个问题？可以使用不同的帽子，并从不同的角度去看待同一个挑战。

处理冲突

有些人喜欢精彩的辩论，甚至期盼在冲突中不断成长。大多数人会避免冲突，因为这给人一种不舒服的感觉。事实是，有时候我们需要更具建设性的分歧或者冲突，来完善我们的解决方案。如果冲突没有朝着会议的目的相向而行，那么请把冲突保持在会议之外。如果冲突恰好位于讨论的中心，那么请积极处理它。

艾德·卡姆尔（Ed Catmull），皮克斯动画的创始人，非常热衷于鼓励他人反馈，这会在很多场合导致冲突的出现。他提及皮克斯公司的"智囊团"模式，安排一群资深的制片人和专家围在一起观看电影初稿。随后他们会仔细检查，并找出所有他们认为有问题的地方。这样做有制造冲突的可能性，因为每个人看待问题的角度不同，但是这些冲突都是受到严格的限制的——所有人都被提醒，他们正处于共同努力，一起打磨高质量电影的协作过程之中。

从一般规律看，绝妙的想法很容易引发会议冲突，所以我们需要尝试着去适应它。静默会议的方式通常会很有用。其他的手段包括：

➤ 暂停。
➤ 传球。
➤ 德博诺的思考帽。
➤ 提醒人们互相尊重，保持倾听。
➤ 分成小组讨论。
➤ 让意见分歧者充分表达彼此的观点并建立共识。
➤ 向更广泛的团体询问意见。
➤ 尽可能地去个性化。实事求是，讨论不同的意见，而非简单地区分"谁同意谁的意见"。
➤ 安排会前讨论：作为会议主席，如果你知道几个人之间是存在不同意见的，那么很有必要拨打电话，或者直接去他们的办公室，共同讨论并解决他们的担忧。这里包括两个层面的含义：第一，给他们一个发表意见的窗口，这样就会减弱会议上出现的冲突，同时也可以帮助他们理清思路；第二，这样做有助于让你提前了解争论双方的立场和观点，以便你更好地做好准备，并形成自己的结论。

上述建议有助于管理"健康"的冲突，解决那些在问题和想法上可能出现的专业性的分歧。人们可以有理有据地表达反对意见，却不会上升到个人层面的攻击。这样有助于形成更好的结论。

不过，在任何工作环境中，都可能出现冲突：权力斗争、自负情绪或者发自内心的厌恶。当此类冲突出现的时候，会给人一种很不舒服的感觉。通过充分了解自己的同事、他们的沟通方式以及彼此之间的合作方式，可以提前预知类似的问题。请牢记，你是为会议目的做贡献的（无论你是会议主席还是与会者），因此有效避免不良冲突的方式之一就是将注意力调整回会议目的的陈述，并询问以下关键问题："这是讨论的最佳场所吗？有助于我们实现会议目的吗？"如果不是，那么最好的办法就是继续推进讨论（让他们安排其他的时间和地点去缓和彼此的冲突）。

练习：会议冲突——有益还是有害？

会场的每一个人都有责任发挥自己的作用，确保会议冲突具有建设性。不应该总是对冲突抱以回避的态度，因为冲突也可以是健康的。当然如果操作不当，也同样有可能损害团队协作。

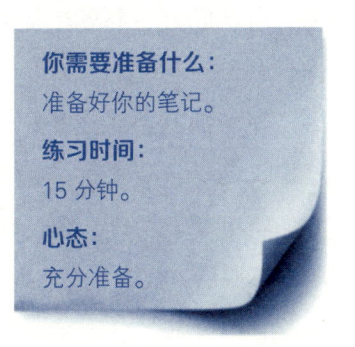

你需要准备什么：
准备好你的笔记。

练习时间：
15分钟。

心态：
充分准备。

请回想一下你遇到会议冲突的场景——无论是你本人卷入了冲突，还是目睹冲突发生在其他人之间（但是浪费了你的时间）。

思考这些情景有什么不同。让你印象深刻的处理方式是什么？这样做给你带去了怎么样的启发？

如果你是与会者：让会议取得成功的 10 个办法

我们的研讨会始终最强调的一点是，每一个会议参与者都有责任确保会议顺利推进。这不仅仅是会议主席或者会议组织者的责任，每个参会人员都应该协助实现会议目标。

参加其他人的会议并不是去电影院看电影，不能简单地放松下来，关掉手机并以旁观者的身份去享受快乐。相反，这是接受他人的邀请，加入一个为共同目标而努力的团队。每个人都有专属于自己的角色。团队包括你——哪怕你没有被分配到特定角色。你需要管理好自己的专注力，助力自己成为一个富有成效的参与者。当然有时候实际操作会遇到一定困难。

本章的其余部分将重点论述会议参与者如何站在把自己定义为会议资产这一视角，以指导自己的思考和行动。我们将重新审视自己在会议期间的行为，并思考如何采取与众不同的方式，积极参与到所有的会议当中去。

1. 关注你的身体（确保你有足够的能量支撑会议专注力）

如果你决定参加某个会议，是因为这个会议很重要，可以帮助你实现目标，那么你一定希望在会议期间保持状态，集中注意力。因为这可不是做白日梦畅想下一个假期的时候。

只要你身处会场，就需要思考如何才能更好地集中注意力。海莉总是有背痛的毛病，所以她需要站着开会。这样做的一个作用，就是帮助她集中注意力——有时候改变自己的视线角度是一个简单却有效的方法。如果你参加的是线上会议，这一招也很好用。在其中一些议题讨论的过程中站起来，其他的议程则继续坐着参加。如果会议时间很长，碰巧赶上你居家办公，请尝试在家里或者办公室里不停地转移位置。这有助于帮助你保持专注。

格雷厄姆的前一本书《如何获得能量》(*How to Have the Energe*) 讲述了许多关于食物摄取如何帮助大脑保持活力的建议。哪怕是一点点缺水，都会对大脑的性能产生极大的影响。控制咖啡因和糖分摄入，这样你的状态就不会出现剧烈的峰谷波动。这同样是一个小妙招。

2. 信手涂鸦

我们喜欢涂鸦。海莉曾经参加过这样一个会议，会上有人就她的涂鸦发表评论。有人问她是不是一个艺术家（他们显然摸不清她的涂鸦水平），但是大多数人都会问她是不是太过无聊，或者觉得这个会议"与她无关"。

麦克·帕克（Mike Parker），耐克公司的首席执行官，也是一名涂鸦爱好者。参加会议时，他总是带一本速写本。他用左侧的部分来做头脑风暴，右侧的页面留出来做涂鸦。

在桑妮·布朗（Sunni Brown，作家、企业家和涂鸦专家)的 TED[①]演讲中,她讲到了这个问题。她解释了为什么涂鸦通常会被认为是"反知识分子"。然而研究结果证实,涂鸦可以帮助你巩固讨论的知识。涂鸦鼓励你参与其中——"在纸上做自发标记,帮助思考。"根据心理学家杰基·安德雷德(Jackie Andrade)的研究,涂鸦的人能比不涂鸦的人多保留约29%的信息量。

3. 处理好你的椅子

会议室里的座位分布是很重要的。我们之前说过,在会议室里排布整齐的椅子和那种围成一圈的椅子之间的区别,以及这样的排序所能产生的不同的会场氛围。如果你要参加这样一个会议,会上肯定会出现意见分歧,那么你可能更倾向于和你的盟友坐在一起。只不过,我们更建议你把会场的座位排布得混杂一些,这样你就不会在不经意之间在会议室中制造一道道"战壕"。如果你想与会上的某人建立关系,或者给他们带去一种受欢迎的氛围,那么你也许会选择和他们坐在一起。如果你一整天都待在一个会议室里,听着漫长的PPT或者长篇大论,而且看上去这些内容都是同一主题;那么适当地调整椅子的位置,或者改变你在会议里的视角,有助于你记住更多的细节。

[①] Ted(Technology,Entertainment,Design 的缩写,即技术、娱乐和设计)是美国一家私有非营利机构,以其组织的 Ted 大会著称。——编者注

4. 站起来（或者站立会议）

我们都听过这样一个说法，"坐着相当于一种新的吸烟方式"。如果你在会议期间感到头脑迟钝，那么可以选择去一趟厕所，伸展一下双腿，这样血液就会回流大脑，不适感就会消失。如果你更勇敢一点，可以直接提出在会场里站一会儿。当然更有勇气的做法就是请所有人都站起来！

5. 整理并回顾自己的笔记

你会回顾自己会议期间做的笔记吗？很多人根本不会去看笔记。对于这些人来说，笔记只是一堆没有任何意义的词语堆砌。

但是，笔记是有其存在的意义的。当然，最主要的还是适用于你本人的工作习惯。作为一份相对简单的指南，你需要考虑的内容包括：

> 记下那些对你来说很新鲜的信息，并思考之后需要做些什么（如果需要的话）。这时的思考也将转化为之后的行动。
> 记下由你负责推进的工作。请务必了解清楚这些内容是什么，是在什么时间提出的，以及哪些人需要了解这些工作内容。
> 那些不属于你的工作，但是你希望能够了解其进度。如果你在会上要求其保持更新，那么请记得

最后检查一下这一项是否记录在了会议的行动列表上。

➢ 记录下那些与会议不相关，但是突然出现在脑海里的念头。把这些念头添加到你的"第二大脑"中。如果你能在会议期间把这些事情作为笔记记录下来，那么你就可以保持思维的一致性了。

➢ 创建术语表和缩写表。如果你到了一个新的环境去参加会议，这能帮你快速适应讨论。把这部分内容添加到你的快速参考工具当中去。

请你回想一下两三周之前参加的会议。当时你做了些什么？还记得清楚吗？有没有记下来？依靠其他人来记录属于你自己的行动容易产生误解，并在众人眼中留下不好的印象。

另外一个有用的技巧则是把所有的笔记都归集到同一个地方。如果你是用的纸质笔记，那么请把它们扫描成电子版并保存，这样就很容易查阅了。

6. 多想想会议目的（如果你是受邀参会）

始终牢记你参会的目的。哪怕其他人并不确定会议如何演变，你也可以确保自己实现了会议目的。哪怕会议没有提前告知目的陈述，你也没有在会议中找到明确的说明，我们认为你也应该将明确自己参会的目的列入自己的工作计划。在讨论的过程中始终自查——你在本次会议中为达到自己的目的做了些什么？每一项议程开始的时候都应该问这样一个问题。例如，如果这是一个团队会议，而你是会议的新人，那么你的目的就应该是更多地去了解其他人的工作，并弄清楚这些人的工作如何与自己的工作产生关联。这就是你需要提问了解的关键内容。你需要有选择性地采取行动，但是一定记住要抓住每一个机会，这样才能快速实现目标。

7. 勇于说"不"

总有那么一些时候，你很想直接付诸行动，或是直接被问到是否可以负责某些工作。关键在于，你要以现实的眼光来看待自己能够承担的工作。在某些时候说"不"是很正常的一件事情。要想做到这一点有很多办法，比如解释自己此刻没有能力，或者你需要和其他人反馈一下情况。

当然，你也可以协商出一个比较现实的截止时间，或者同意在下一次会议开始之前提供一份初步的思考清单。清楚地说明自己力所能及和力所不能及的范围，那么会议就可以评估你是否有能力承担这项工作，或者考虑让其他人去负责。

8. 确保任务明确

会议高效的一个最主要的敌人就是结论模糊不清。如果会上还有许多悬而未决的事项，或是会议桌旁的每个人都不清楚具体行动安排，那么接下来的一周时间里，工作就很容易变得模糊。作为会议的参与者，你能做好的一件事情就是为会议带去确定性："你说很快会完成——请问截止时间是——？""你说安排了三个人共同参与，那么三个人各自的分工是怎么样的？谁最终负责？""这里最重要的工作内容是什么？""我们应该如何解决这一问题？"诸如此类。通过深入了解任务的细节来明确工作任务是一项被严重低估的技能，但是会议很需要此类技能。

9. 记住我们的"阳"的力量——去做一些有产出的工作

有时候，会议已经陷入混乱，每个人都在聊一些有趣的新闻。但是你对此不感兴趣，或者讨论的内容根本与会议目的无关。这时候你应该怎么办？"阴"的本能让你安分地坐着聆听（不然那可太没有礼貌了），但是"阳"的力量也需要爆发出来，促使我们利用好宝贵的时间，去做一些更有意义且更富成效的事情。

此刻你需要权衡的是：第一，你是不是参加了错误的会议——也许出席会议不是一个好的选择；第二，会议是不是脱轨了？

如果是第一种情况，那么你可以这样说："会议还需要我吗？我想起来，我要回去接待我的客户 / 看牙医 / 去处理一个紧急提案 / 去做其他需要马上处理的工作。"

如果是第二种情况，请使用类似这样的短语："听上去很有意思，但是这已经偏离了会议的主题。我们可以继续讨论……",或者"我们可以把这些事情记录下来,稍后再说。接下来我们需要讨论……"。哪怕你不是会议的主席,也可以这样做。许多会议主席都会心存感激。如果他们有不同意见,可以继续保持这样的谈话。

10. 质疑一切

我们时常深陷自动驾驶模式,习惯于在整场会议中不停地询问自己各种问题,以确保自己按照会议目的推进工作。使用好"阳"的力量,并保持正轨也很重要,下面是一些比较有用的提问方式:

- 我知道自己为什么来开会吗?我参会的目的是什么?
- 我是否认识每个人——是否清楚每个人讨论的内容?如果我需要提前(或者准时)离开,我需要让会议主席知道吗?
- 我有在主导会议讨论吗?
- 我是否在倾听,并且采纳他人的意见?
- 我可以做些什么,来支持会议领导发挥他们的作用?
- 我可以做些什么,才能给会议带去帮助和正面积极的影响?
- 我可以做些什么,帮助设定或者改善会议的基调?
- 我明白所有的术语吗?如果不明白的话,我应该如何弄懂这些呢?
- 我是否很清楚自己的任务?我是否清楚知道自己需

要做什么，何时，和谁一起？哪些人需要了解我的工作进度？

➢ 会议进展是否顺利？如果不顺利的话，我应该做些什么，帮助会议回到正轨？

练习：会议回顾

你需要准备什么：
笔记本，会议日志。

练习时长：
20 分钟。

心态：
无情、准备充分、忍者一般的冷静。

回想一下你这周、上周甚至上年度参加的会议。哪些会议特别出色，哪些不太行？今后你应该如何用好这些会议上的知识？

回忆一下会议中的"阴阳平衡"：

➢ 我有没有在"阴"（倾听、会议和联系）和"阳"（离开会议，去完成工作）之间取得平衡？

➢ 公司在这方面做得如何？会议是否太多了？还是缺乏足够的倾听和同理心？

➢ 我组织的会议会如何帮助恢复平衡（我们都有这样的能力）？

在本章提及的技巧，哪些事我可以……
- 第一次尝试？
- 带入到我自己的会议之中？
- 鼓励他人在特定会议中进行尝试？

当出现以下情形，说明你的会议修复得不错了：

- 无论你在会议中扮演什么角色，你都很清楚会议的目的，并努力去实现这一目标。
- 你愿意体验那些非正统的办法，来获得最佳的会议成果，同时也能保持会议的参与度。
- 你对保持会议的专注水平有很强的心得体会。

第五章

会议之后

当然了，所有会议的目标，都是为了引导工作的高效跟进。在这一章，我们将重点讨论，如何在会议期间创造变革，并鼓励所有人都积极跟进这种变革。如果你喜欢这本书的内容，那么我们建议你去阅读格雷厄姆的另一著作《高效忍者》。在这本书里你能找到更多的想法和实践，帮助你取得成功，重拾工作的美好。

一切都是为了"会后"

想象一下，如果你身处一场关于气候变化的国际峰会，全球的领导人和专家汇聚一堂，讨论应该做些什么具体工作去拯救我们的地球。会后他们回到各自的国家，却并没有提出什么实实在在的措施。那么峰会的意义何在？峰会的费用支出和浪费的时间，本来可以用来做许多事情。如果你的会议没有带去任何改变，那么可能从会议设定的一开始就做错了什么。如果你确实需要开会，那么请首先确定自己各项工作的轻重缓急，并预设好接下来的会议行动。

作为会议组织者，对于会议过程的反思

如果会议是你工作的常规内容，那么请在会后花费一定的时间去总结和反思。如果这是一个周例会，那么你可以一个月反思一次——事先给自己设置一个提醒。首先请你确定自己是否仍然需要开会。如果答案是肯定的，那么请考虑改进会议的方式。这么做不仅仅是为了自己，同样也为了所有参会者的时间和精力分配，更是为了你的会议目标能够顺利实现。萨伊德的著作《黑箱思维》(Black Box Thinking)有力地证明了我们应该从经验中学习。我们希望你能够将部分思考应用于你之后的会议当中。这会帮助你在下一次会议中表现得更好。

你实践了 4P 原则吗？

还记得在第三章提到过的 4P 原则吗？作为会议的组织者，你也会很好奇自己有没有实践好这一原则。4P 原则是目的、计划、规则、人员。

你的会议目标实现了吗？

会议之后，请重新审视会议目的。问问自己，实现会议目标了吗？如果答案是肯定的，那么这说明你所做的会议计划和准备得到了回报。如果不是，那么你还有许多工作要做。你需要思考：

> 本次会议的目的设置得是否正确？
> 会议主席是否确保讨论处于正轨？
> 会议的参与者是否有助于将会议讨论集中在实现会议目标上？

一旦你开始研究这些问题，就可以开始考虑，下一次应该做些什么改变，以提升你的会议技巧。

会议计划

有时候，再好的会议计划也会因为意外因素而出错。这样的经验不管是在工作中还是在工作之外都时有发生。会议也不例外。请认真考虑：

> 你是否选择了最恰当的会议形式？
> 人们是否提前被告知开会需要的所有信息，以便更高质量地参加会议讨论？

会议规则

思考一下，你制订的会议规则能否最大限度地帮助人们提高会议专注力。如果会议期间人们都只顾着盯着自己的手机，很难将注意力集中到会议本身，那么说明你的会议规则制订出了问题。

如果你的会议是线上召开的，那么与会人员在使用会议工具等方面是否存在困难？他们是否频繁进入或退出会议？如果出现了类似情况，那么也许你的线上会议规则需要更新或者重新协商。

参会人员

会议是由人员构成的，是他们的贡献决定了会议是否成功。

会议是否邀请了合适的人？如果不是的话，也许这会儿你就该抓紧和他们交流互动了。

会上是否有意见分歧？如果会上完全没有讨论，或者完美体现了"河马效应"，那么这可能是一个缺乏多样性的会议（除非这些工作都已经在会议之外完成了）。

与会人员是否做足了准备？如果没有，你也许还有必要安排一些后续谈话，以便对方能更好地了解你下次会议的诉求。也许你对会议的期望存在偏差，导致会议计划环节出了纰漏。你可以简单地发送一封电子邮件，以表达希望他们能做出改变。这样的做法可能并不能产生什么具体行动。所以请你细细思考这个人的性格特点以及他可能做出的反馈，以求为下一次会议带来改变。

你自己表现如何？

充分考虑他人的表现之后，是时候考虑一下你作为会议主席的表现了。创造性思考公司每一期工作坊结束之后，海莉总会站在自己的角度去复盘工作进展,并确定计划在下一次工作坊中做出什么改变。通常来说,每一次复盘可能只带来一个微小的改变,比如在某一个具体环节采用不同的故事或者解释方法,但是这仍然不失为改进工作坊的好方法。

在每次会议结束之后,你可以花点时间考虑一下会议中行之有效的内容,并思考如果再召开一次同样的会议,你会做出什么改变。简单反思并总结自己在会议中的参与度,可以有效提升今后在会议中的表现,这样一来会议就会让每个人都变得更加美好。

练习:你的 4P 原则应用成功了吗?

请你回想一下最近几周或者是几个月主持的会议。重新为会议设定目的,并与会议已经取得的成果进行对比。如果会议目的没有达到,那么请思考为什么会这样,以及你从中学会了什么。

你需要准备什么:
记录着你最近参会信息的工作日历。

练习时长:
20 分钟(取决于你参加会议的深度)。

心态:
正念。

> **务必牢记**
>
> 想想4P原则。会议的"目的""计划""规则"还有"人员"真的和会议本身相匹配吗？如果不相匹配，那么应该如何改变？

询问周围的人

询问与会者关于会议的感受，这样的做法没有什么问题，特别是你刚开始尝试主持会议，或者在会议中测试某些新手段的关键时期。如果与会者看上去没有什么参与感，请你大胆询问他们。如果与会者没有在会议上做出贡献，也请大胆询问他们。也许他们正忙于处理别的事情，或者刚好在火车上参加线上会议，由于周边环境噪声的影响，他们表现得比平时更安静。作为会议的主持人，与一些关键的参与者进行简短的交谈是很明智的举动。

当你确定要这样做的时候，请做好心理准备，因为你可能会听到许多不愿意听的事情。请务必认真地听取反馈，消化并且充分利用好它。海莉曾经询问她团队里的一位团队参与感不强的同事，问他为什么不愿意参加组会讨论。她告诉海莉，因为她不重视有些团队成员的发言——她不喜欢其中一些人，因此懒得和他们互动或者讨论问题。海莉很不喜欢她的言论，但是同样需要对这一情况认真思考并积极应对。但是话又说回来，这样的反馈是很诚实的——如果你鼓励他人说真话，并明确不会带来什么负面影响，那么会议成员就可以畅所欲言，你的会议会越来越成功。

积极跟进那些会议参与度不高，或者情绪紧张，或者有着重大行动部署任务的与会者，都是会议主席或者会议组织者的角色职能的重要部分。

作为参会者（非会议主持人）的反思

你是否有过类似的经历：从某个会议离开的时候，脑海里总是环绕着这样的问题——"我为什么要来参加这个会议？"你是否在开会的过程中分出精力去思考堆在办公桌上的工作，纳闷自己为什么不去处理这些紧急事项，而要跑来开会？

要想把注意力集中在那些不符合你自身的工作目标上的会议是很难的。我们希望你能够对邀请你参加的那些会议抱着冷酷无情的态度，这样一来就能避免上述现象。这也就是为什么人们要在会议结束之后，自我反省一下，询问自己是否做出了正确的选择，并且认真吸取这一次的教训，以求在未来更好地集中自己的精力，优化自己的投入分配。

一般来说，在会议之后可以考虑以下内容：

➢ 会议是否达到了总体目标？如果没有，那么也许你可以做更多"后排转向"的动作。也许仅仅出席那些让你感兴趣的议题是一个不错的选择？

➢ 如果这是一个例行组会，下一次你会选择不同的处理方式吗?

> 回想你的会议表现。在听到他人发表意见的时候,你是否感到快乐?你提出了自己事先准备好的观点了吗?是否需要在会议以外开展工作,以便于争取他人能同意你的意见?具体应该如何开展工作呢?

如果每一次会议结束的时候,你都感觉自己完成了一部分工作,取得了一些进展,而且你以一种有意义的方式做出了应有的贡献,那么会议目标就算是达成了。哪怕没有这种感觉,也并不意味着你一事无成。因为在这个过程中,你每一次在选择是否参加会议、在会议中锻炼自己的后排转向能力或者再做出会议贡献等方面犯下的一条条过错,都将成为宝贵的经验教训,不断提升你自己的会议技能。

尽善尽美的会议技能是需要不断实践和训练才能得来的。将会后反思作为你个人培训计划的一个重要组成部分,做好你自己的教练!认真思考下一次会议你会做些怎样不同的改变。

务必牢记

如果你不是会议主席或者组织者,那么你之所以愿意参会,是因为有会议意见或者是贡献要表达。所以通过参会这一举动,你为会议的成功做出了自己的贡献。针对这一点做出反思,同样是你的工作职责的一部分。

图 5-1　开会的正反馈

"清晰明确"的力量——如何让你的会议聚焦于行动?

良好的会议的一个普遍特点就是,专注于行动。这并不意味着要把上次会议结束之后没有完成的工作列出一张表来做展示。我们指的是,会议应该提供关于后续行动的清晰明确且可实现的指南,并最终助力这些工作的完成。

会前准备、会议和行动

请记住!会议之外发生的事情会对会议产生显著影响;会议是帮助你达成目标的工具,而不是目标本身。如果你正在主持一场会议,那么你对会议的行动有着一定程度上的所有权。这就意味着你可能希望记录下后续的行动,并要求与会者在完成他们分内工作之后告知你。

实际上,一份冗长的会议记录文件,详细说明了会上所有人的看法以及这些看法的主人,会给人一种枯燥且低效的感觉。会议记录应当以目标行动为导向，清楚说明每一位参会者的后续工作。

会议的行动指南应该包括以下两个部分：

1. **接下来的行动**。这将准确描述接下来要发生的事情。比如：萨缪尔要和盖文一起讨论今年的预算余量，并通过电子邮件的形式向所有人汇报。

2. **任务分配**。具体要由分派的负责人决定下一步工作。比如：山姆将负责为新产品制订营销策略。

就算你不是会议的组织者，也可以提问："谁来负责这件事情？""下一步行动是什么？""什么时候需要完成？"表5-1展示了一些案例，是关于如何记录下一步工作，以及会议记录应当具备的详细程度：

表5-1　会议记录案例

模糊行动	下一步行动
杰森，预算	杰森要在下一次会议前一周时间内公布更新后的预算数据，并收集关于这些数据的反馈意见
伊丽恩，就职、营销	伊丽恩负责在新的营销经理就职后的两周内与杰森会谈
山姆，会议室	山姆负责为下次会议预定一个更大的会议室
杰克和吉尔，发布会	杰克和吉尔要就发布会的活动目标和预算达成一致意见，并通知所有人发布会的时间。由杰克负责完成目标

接下来的工作是明确且具体的。有些工作相当重要，我们也能很清楚地判别它们是否已经完成，基本不存在什么模棱两可的中间地带。如果能够列明每项工作的完成时间，以及每个负责人的汇报形式，那就再好不过了。对于那些董事会议或者更加正式的会议，通常需要更为详细的会议记录。但是我们仍然相信，关于行动指南的部分依然很有用处。这意味着，人们可以直接跳过那些可能把自己绕晕的细节部分，直接查看与自己工作密切相关的任务分配。

> **务必牢记**
>
> 请务必详细描述下一步工作的具体要求。如果工作很复杂，请说清楚预期的最终成果。

最后的十分钟——确保会议围绕哪些变化进行

正如我们前文所述，在会议结束的时候，用一些小小的隐蔽手段为会议留出十分钟时间，可以助力某些任务快速推进。如果某些工作无法马上开始，至少给人们留出时间来记录自己的行动，并确保他们知道工作目标。也许能在下一场会议开始之前，给他们留出上厕所的时间——对于某些高管来说这可真的是难得的奢侈了。你能在会议结束的时候延长十分钟时间作为"启动时间"吗？

练习：关键任务行动

看一看之前会议的行动指南。是否有一些关键行动，对于任务的完成有着举足轻重的作用？如果是这样的话，请与该项行动的负责人联系，询问他们是否已经完成了工作。如果没有完成，那么询问他们是否需要帮助。如果那个人是你，想一想主要困难是什么？思考一下你需要什么帮助才能完成任务。

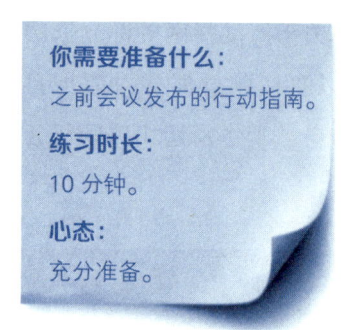

你需要准备什么：
之前会议发布的行动指南。

练习时长：
10 分钟。

心态：
充分准备。

做好记录

你有没有遇到过这样的情况：等待他人给你发会议记录，导致未能及时完成你分内的工作，或者没有在规定的时间内完成？如果你没有在会后马上开始行动，那么就有可能耽误你的工作。作为一个会议的参与者，你有必要在会议期间记录那些需要你负责的工作，这样一来你就不需要他人的会议纪要了。

但是你应该如何记录行动呢？我们经常被问到这个问题。通常来说，这是一个需要不断实验并找到属于你自己的工作习惯的领域。你可以用笔记本的某个专属角落记录行动，或者试试海莉的办法，用一个大写字母 A 再加上外面一个圆圈的标志，来为自己的行动做标记。如果情况允许的话，她会在这一天结束或者会议结束的第一时间就把这些"工作"输入自己的"第二大脑"。备选的计划就是在每周回顾当中记录这些行动。（这部分我们在后续会有展开讲解）

加快工作节奏

如果每一次会议的行动指南或者会议记录都能在当天发送给你，你会感激这样的做法吗？把会议纪要放在你的办公桌上怎么样？如果你本人也是一个习惯于做记录的人，可以尝试一下这样的做法。做个小实验，看看这些对你来说是否有效：

➤ 使用活动挂图或者智能白板来记录每一个行动安排（你可以用扫描应用程序把活动挂图电子化，或者直接拍照。不过请注意，把照片作为邮件附件发送，可能导致人们看不清挂图的文本）。

➤ 用 OneNote 或者共享文档来记录。如果你使用的是微软公司的 Word 软件，你可以在会议结束之后马上发送电子邮件。同样地，你也可以把文档直接投屏到会议室，或者在线共享，这样每个人都能看到工作记录了。

如果你是会议主席，那么请鼓励上述做会议记录的方法，以便在最短时间内将会议记录发送到每个人手上。最理想的状态是在他人还没有离开会场之前就把会议记录发送出去。这样一来我们就能用好会议的最后一段时间来确保每个人都了解到自己的下一步工作，以及他们应该如何在下一场会议中好好表现。

> **务必牢记**
>
> 唯一目标是在众人结束会议之前就把每个人的任务分配放在他们的办公桌上。

每一项工作都只能有一个负责人：责任均摊也就意味着没有人需要负责，或者意味着权责重合。你主持的会议，应当明确后续的工作责任到人。在会后另行委派其实并没有问题，但是必须确保要由会议上明确的负责人担负主要责任。

截止日期和里程碑/期望：设置一个截止日期有助于集中注意力。确定好任务的截止日期是很重要的，因为这样同时明确了各项任务的负责人和完成时间。每个在会场的人都有资格了解到这些信息，这一信息并不局限于担任会议角色的那少数几个人。

"清晰明确"的力量——完成会议任务的高效原则

大多数客户都经历过工作繁重而时间不够的情形，会议的存在甚至还加重了这种现象。我们一起来看看有哪些办法可以解决这一困境。

"第二大脑"

《高效忍者》的读者都能意识到，运用好"第二大脑"这一工具来捕捉和收集你接下来的行动的重要性——这不仅仅局限于会议。创造性思考公司的"高效忍者"工作坊的学习内容中很重要的一部分，是关于如何使用电子化或者其他模拟工具来设置"第二大脑"的。从本质上说，"第二大脑"是比待办事项清单更加复杂的存在。你可以创建一个操作列表，指导你就下一步的工作做出更优的决策。这样一来，你就可以根据当下正在处理的各项工作的轻重缓急、影响范围以及你本人的精力分配等综合环境因素做出决断。"第二大脑"这一工具能帮助你集中精力于那些正确的事情上。

项目与行动

需要你付出精力的有些是项目，有些则是具体的行动。所谓项目，可能是"管理团队"或者是"假期安排"，或"制订营销计划"等。这些都不是你需要马上从清单上划掉的直接行动。实际上，这些事项的下一层级才会有与之对应的具体行动。弄清项目以及行动的联系和区别，可以很好地帮助你推进工作。为每一个项目设计一系列可以操作的任务和行动。有些项目会持续很久，有些则需要设置一个截止日期。

等待名单

作为首席执行官，格雷厄姆之前习惯于全体会议、领导会议以及与他直接下属召开的 1-2-1 会议。人们根据会议结果推进工作，而格雷厄姆则要非常努力才能梳理明白究竟每个人被赋予了怎么样的任务。

所有经历过与他人协同工作的同事都遇到过类似的情况，总有那么一些工作，在其他人没有完成其的分内之事之前都很难推进。你需要密切跟踪这些工作的进展情况。想要做到这一点，你可以在自己的"第二大脑"或者笔记本上创建一个专门的板块，命名为"等待名单"（详见下文的"交叉分析"），特别是当你发现，等待他人的工作结果会拖慢你要做的事情，或者是会议主席希望在下一次会议之前能够看到明确的工作进展等类似的情形的时候，"等待清单"会显得尤为重要。

多次确认——确保优先事项没有改变

在当下这个时代，快节奏的工作环境已经成为行业主流，这也意味着工作的优先事项随时可能变动。如果你所在的组织有涉及合并、重组或者是客户需求变动等情况，上周的会议结果以及其后续工作就很有可能搁置。如果情况发生了变化，那么请在你知晓情况的第一时间就着手检查你之前部署的工作。如果你担任的是初级岗位，那么请与其他人一起检查工作，确认其是否仍然按照之前确定的时间尺度推进。如果你的职级更高，那么这个决定可能是关于你和你所在组织的优先级事项调整的事情。请抓紧时间确认变更事项，并及时传达。

交叉分析

在你的"第二大脑"里，有许多种组织后续行动的依据，比如人员、地点、你自己的专注力水平或者你身边的人际关系。所以当你开始审查上周会议之后产生的任务列表，也许会发现其中有六项任务是涉及与其他人会谈沟通的，而你决定用电话沟通的方式去完成这一系列任务。这样一来你就可以在"第二大脑"里（如果是线上工具，一般会使用标签）列明这是需要拨打的电话。

你可以根据你列出的"通话"标签，拨打所有需要拨打的电话。这就是我们所谓的"批处理"的操作：把所有类似的工作组合到一起，方便你从一个任务转到另外一个任务。海莉第一次接触到这个概念的时候，她说自己习惯于这样做：在推进某一个特定工作的时候，同步完成与该项工作密切相关的所有行动。但是实际上，对于大多数人来说，将不同项目当中的相似工作集中起来批处理，相对来说更为简单。大脑能够很快习惯于这种工作模式，并推动这一系列工作完成得更加轻松高效。

定期审查

作为"高效忍者"，我们一般一周做一次集中审查；检查每个人的行动，并询问是否高效地利用注意力。这是一个询问自己的好机会,去审视会议是否运作良好。如果没有,那么请列出修改和调整的计划。

请回顾过去一周的会议,然后问自己以下问题:
- 我掌握自己的行动了吗?如果没有,请花费一点时间去认真完成。
- 我是否清楚自己需要做些什么,才能完成工作?
- 我需要什么帮助才能完成工作?
- 哪些工作内容可以委托出去?
- 我可以安排出一段时间,可以让我在不受打扰的情况下完成这些事情吗?我应该去哪里完成这些工作?(我们称之为隐身和伪装)
- 我全身心投入工作了吗?如果没有,那是为什么呢?下一次我应该怎么做?
- 有没有需要在会议之外推进的讨论事项呢?
- 有什么内容是我想在下次会议上提出的,或者要列入未来某次会议议程的?
- 如果我主持会议,会怎么做呢?
- 这个会议起到作用了吗?
- 会议符合我的预期吗?

如果最后两个问题的答案是否定的,那么你需要重新考虑会议的出勤率。每周的审查其实也是一个提前分析马上召开的会议的机会。有时候表现出一些冷酷无情的姿态也是很有用的。请好好思考一下应该如何分配自己下一周工作的专注力，以达到最好的结果。在你审查的过程中，首先应该识别出每周都要完成的事情，并确保在你的日程安排中分配了足够的余地去完成这些任务。如果不是这样的话，你可能需要挤出更多的时间。这也意味着你需要减少自己在会议中花费的时间。

练习：是时候行动了？

完成上述清单，并思考最近你参加的会议。请列举会议所产生的工作。如果有任何事项是在两分钟内能够解决的，请立刻执行。

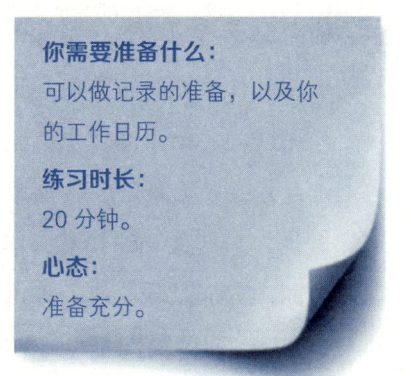

你需要准备什么：
可以做记录的准备，以及你的工作日历。

练习时长：
20分钟。

心态：
准备充分。

高功率时刻

很有可能发生的一种情况是，你和同事有许多会议要一起参加，也有许多工作要合作完成。那我们何不安排一个"高功率时刻"呢？在这个时间段里，你可以和团队共同完成上周会议安排的各自的工作，也可以与参加某个特定会议的同事，一起推进某个工作事项。

"高功率时刻"这一概念，是指与同事一起参与紧张的工作，更容易产生团队协作氛围，并给每个人带去快乐。让我们清楚一个普遍规律，那就是如果所有人都致力于同步推进某个会议安排的工作，你们就不太可能因为其他事情而拖延耽误这项工作的进度。

你可以通过一个便捷的站立会议或者是线上签到来开始属于你的"高功率时刻"，这花费不了几分钟时间。确定此刻你要做的事情，然后不找任何理由，不兼顾其他任何事情，就这样单纯、认真地进行1小时的高效率工作。如果完成了其中一部分工作，你可以欢呼一下，或者做一点别的庆祝动作。同时也不要忘记，给"高功率时刻"设定一个结束时间。结束动作也许是简单喝一杯，或者从桌子边上走开，或者重新登录你的线上办公工具，这些都可以。这样做是为了创造一种共享协作的工作体验，并共同庆祝在短时间内完成某项工作。你可以每一周指定1小时的时间——同一个时间段作为"高功率时刻"。这样可以有效提升工作动力。

吃掉"青蛙"

马克·吐温说过，每天早上的第一件事情就是吃"青蛙"。你可以把"青蛙"想象成在你的待办事项清单上面最不想做的那件事情。但是如果你不去完成，那么接下来的一天就会变得很糟糕，因为这件事情悬而不决，会影响你一整天的工作。但是如果你选择首先处理这件事情，那么接下去的一整天都会变得美好。当你真正着手去做这件事情的时候，你会发现其实并没有你想象得那么糟糕。我们之所以青睐这个做法的另一个原因是，一旦你吃掉了自己的"青蛙"，完成工作的成就感油然而生。所以请定义好你的"青蛙"，并将其列为第一项工作，这有助于提升工作动力。

问责制度

对于一些人来说，外部责任压力容易产生工作动力。当会议明确由你负责某项工作的时候，请询问谁负责监督进度。作为一个会议主席，指定专人负责与实际工作人员共同检查工作进度也是一个不错的主意。

一个需要认清的现实

在我们举办的工作坊里很普遍的现象之一：人们对于一天之内能够完成的工作内容抱着不切实际的幻想。如果你负责主导并决定团队的下一步工作，我们建议你一天之内不安排五个以上的工作事项。在每一天刚开始的时候把它们写下来，然后在你被拉去做其他事情之前一直专注于此。如果你的工作角色高度依赖于外部因素（比如你领导加班了），那么不要期望你能够完成两件或者三件事情。因为你还需要留出一定的备用时间，确保可以应付那些突如其来的工作。

如果你一整天都是会议（我们希望，当你看到这儿的时候，已经改变了这样的情况），请善待自己，并认识到会议本身也是工作。所以请把会议算作是必须完成的五件事情之一吧！

当出现以下情形时，说明你的会议修复得不错了：

➢ 你会反思自己的会议出勤率，并在有必要的情况下做出改变。
➢ 习惯于记录下一个行动或者期望的结果。
➢ 作为会议主持人，善于与会议之外的其他人保持合作，以推进工作。

结语

如本书开头提到的,我们身处一个专注力支离破碎的世界。会议的独特之处在于,可以号召人们集聚在一起,彼此分享专注力,彼此深入倾听,并促进有效合作。

实际上,当我们细细品味,不难发现这也就是当下这个世界所急缺的东西:那就是在各种情况下都需要更多的同理心、协作、理解和尊重。从大的方面来说,我们需要召开大型会议来推动世界向前发展:讨论气候变化公约、和平条约谈判、如何帮助那些最贫穷最脆弱的社会成员的政府听证会,以及为那些世界上最聪明发明家找出愿意为了这个世界的改变而冒险的先驱者,等等。

从这个角度讲,人类的未来依赖于这些伟大的会议,这个结论并不牵强。

当然了,这个世界同样需要在座各位所主导的伟大会议。你和他人协作的方式会影响人们是否能够获得工作,会影响新举措是否成功。会议也会影响一系列看似平凡,但却同样重要的事情：同事的幸福感和自尊心、更为优化的预算支出，以及更具创造力的解决方案，等等。

我们希望，你和你的团队能够牢记会议的"阴""阳"两面，做好深入倾听和深度工作的平衡：在开会的时候保持聆听、学习和做出贡献，在远离会议的时间里聚焦工作，努力实现目标。

我们希望这本书能够为你的工作和生活带去一些启发，帮助激发思维，孕育新的观点，或更好地认识到自己的良好的会议实践。这些年以来，我们一直致力于分享如何组织精彩的会议，以及激烈的讨论。我们希望你能深受启发，并且共同参与到消除无效率会议的工作中去——因为我们需要精彩高效的会议来推动世界的改变。

如果你遇到了挫折，请试试我们用来调节心情的"再见吧，宾果"小游戏。

双赢	你的连接不稳定	改变目标	取得联系
关掉手机	越快越好	可扩展性	替我/他们值班
让球滚起来	再开一个会吧！	不要动脑筋	我们听不到你的声音，你的设备静音了
敏捷	来自未来的证明	立刻开始行动	在今天结束的时候

在下图补充你常用的缩写词和行业术语。

双赢	你的连接不稳定	改变目标	
	越快越好		替我/他们值班
让球滚起来		不要动脑筋	我们听不到你的声音，你的设备静音了
		立刻开始行动	

当然我们还有一些在线工具，可以协助你生成属于你自己的会议宾果游戏。

如果你想与我们取得联系，可以发送电子邮件到 graham@thinkproductive.co.uk 或 hayley@thinkproductive.co.uk。我们很高兴听到你的故事。

格雷厄姆·阿尔科特

海莉·沃茨

2020 年

致谢

格雷厄姆和海莉想要感谢……

我们首先要感谢我们的编辑艾伦（Ellen），感谢她无与伦比的耐心，以及为我们这本书提出的各种建设性的想法。我们要感谢分布在全球各地的创造性思考公司的同事。

感谢我们的关键小组成员，他们都是很多年的好朋友了，有些人甚至还在新西兰、加利福尼亚、牛津郡和萨里工作。感谢以下读者细心阅读，并反馈了许多建设性意见，提醒我们身边原来有那么多超棒的人：卡拉·德兰尼（Cara Delaney）、苏菲·德文希尔（Sophie Devonshire）、劳拉·莫蒂（Laila Motty）、苏珊妮·博曼（Suzanne Pullman）、格蕾丝·马沙尔（Grace Marshall）、强尼·赫尔伯特（Joanne Hulbert）、简·纽曼（Jane Newman）、格兰达·辛克莱尔（Glenda Sinclair）、丹·布朗利（Dan Bromley）、露西·巴贝尔（Lucy Barber）、尼克拉·曼尼尔（Nicola Manuel）、马克·伊比森（Mark Ibison）、拉塞尔·布鲁克斯（Russell Brooks）、艾德·蒙哥马利（Ed Montgomery）和劳埃德·克拉克（Lloyd Clark）。

海莉还想要感谢……

蒂姆·罗宾斯（Tim Robins）和艾玛·豪斯（Emma Howes）一直鼓励我参加这个项目。我曾抱怨过很多次，但是还是感谢你们一直以来的信任和鼓励，帮助我一直走到最后。蒂姆，感谢你一直以来检查并纠正我的拼写和语法。我敢说这一定不是一件快乐的事情，但是我很感激你的帮助。

克莱尔·法尔（Claire Farr）一直鼓励我，并始终提醒我完成这项工作之后会安排与普罗塞克一起庆祝。这种鼓励帮助我克服了很多困难，努力前进。你无私的奉献将永远鼓舞我，并且给我带来快乐。

拉塞尔·布鲁克斯（Russell Brooks）和尼格尔·罗宾逊（Nigel Robinson）向我展示了会议应该如何顺利进行，会议主席应该怎样影响会议，并且采取行动。从中我受益匪浅。感谢马修·布朗和法瑞尔，他们一直鼓励我去挑战各种会议形式，并且指引我走向更好的解决之道。

感谢格雷厄姆耐心地帮助我，不厌其烦地向我解释会议是如何工作的，同时帮助我把控细节。感谢卡拉（Cara）坚定不移地支持我们的会议研讨工作坊的更新，并和我一同分享其中的快乐。我相信这种快乐很快就会传播到更远的地方去。

格雷厄姆还想要感谢……

海莉，感谢你为这个领域带来了如此多的能量——无论是在这本书的合作中，还是在创造性思考公司的更为广泛的产品研发当中。感谢你包容我偶尔的大脑死机，也能包容我因为盯着电脑屏幕发呆的次数过多而一次次推迟我们的截止日期的懈怠。

感谢法瑞尔、克里斯托弗·斯宾塞（Christopher Spence）、菲奥娜·道尔（Fiona Dawe）、马克斯·麦克劳林（Max McLoughlin）、朱莉娅·普尔（Julia Poole）、潘妮·弗朗西斯（Penny Francis）、斯图尔特·埃瑟林顿（Sir Stuart Etherington）爵士、埃琳娜·克里根（Elena Kerrigan）和其他许多人一起帮助我正确召开自己的会议。

感谢卡拉、杰西、凯特琳、李、格蕾丝、马修，还有创造性思考公司大家庭的所有成员们——感谢你们帮助我们的客户将这一切变为现实，因为我们一次又一次改变了世界。

最后，感谢爱丽丝在新冠疫情期间对罗斯科的关怀和照顾，让我有机会集中精力去完成这本书的编辑工作。